心相数＆幸福色

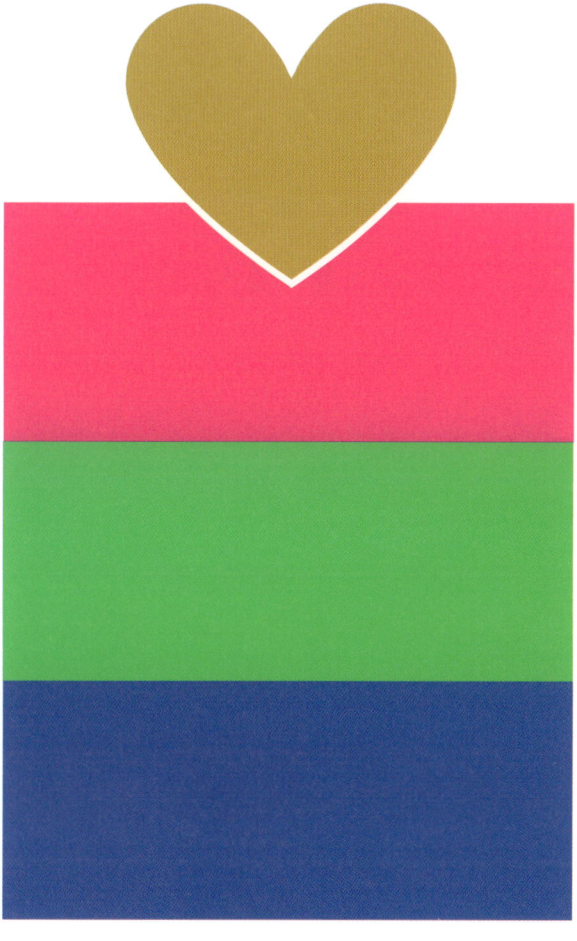

257

あなたの心相数の出し方

あなたの心相数は生年月日から算出し、３つの数字から成り立っています。

- １つ目の数字は、生まれた年（西暦）を一ケタになるまで足した数字です。
- ２つ目の数字は、月日を一ケタになるまで足した数字です。
- ３つ目の数字は、１つ目と２つ目の数字を一ケタになるまで足した数字です。

①	＋	②	＝	③
年		月＋日		合計

例　1993 年（平成５年）４月３日生まれの方

〈１番目の数字〉

１＋９＋９＋３＝22
２＋２＝４　　①番目の数字――― **4**

〈２番目の数字〉

４＋３＝７　　②番目の数字――― **7**

〈３番目の数字〉

４＋７＝11
１＋１＝２　　③番目の数字――― **2**

この人の心相数は　**４７２**　です。

●元号の場合の簡略算出法

大正　＋３　　昭和　－１　　平成　－１　　令和　＋２

昭和と平成の場合は、－１しますと西暦と同じ数字が出ます。
昭和 56 年（1981 年）→５＋６＝11　１＋１＝２
昭和と平成は－１します。　２－１＝１

1つ目（一番左）の数字早見表

●生まれた年を一ケタになるまで足した数字です。

西暦	元号	1つ目の数字
1927	昭和2年	1
1928	昭和3年	2
1929	昭和4年	3
1930	昭和5年	4
1931	昭和6年	5
1932	昭和7年	6
1933	昭和8年	7
1934	昭和9年	8
1935	昭和10年	9
1936	昭和11年	1
1937	昭和12年	2
1938	昭和13年	3
1939	昭和14年	4
1940	昭和15年	5
1941	昭和16年	6
1942	昭和17年	7
1943	昭和18年	8
1944	昭和19年	9
1945	昭和20年	1
1946	昭和21年	2
1947	昭和22年	3
1948	昭和23年	4
1949	昭和24年	5
1950	昭和25年	6
1951	昭和26年	7
1952	昭和27年	8
1953	昭和28年	9
1954	昭和29年	1
1955	昭和30年	2
1956	昭和31年	3
1957	昭和32年	4
1958	昭和33年	5
1959	昭和34年	6
1960	昭和35年	7

西暦	元号	1つ目の数字
1961	昭和36年	8
1962	昭和37年	9
1963	昭和38年	1
1964	昭和39年	2
1965	昭和40年	3
1966	昭和41年	4
1967	昭和42年	5
1968	昭和43年	6
1969	昭和44年	7
1970	昭和45年	8
1971	昭和46年	9
1972	昭和47年	1
1973	昭和48年	2
1974	昭和49年	3
1975	昭和50年	4
1976	昭和51年	5
1977	昭和52年	6
1978	昭和53年	7
1979	昭和54年	8
1980	昭和55年	9
1981	昭和56年	1
1982	昭和57年	2
1983	昭和58年	3
1984	昭和59年	4
1985	昭和60年	5
1986	昭和61年	6
1987	昭和62年	7
1988	昭和63年	8
1989	昭和64年	9
1990	平成2年	1
1991	平成3年	2
1992	平成4年	3
1993	平成5年	4
1994	平成6年	5

西暦	元号	1つ目の数字
1995	平成7年	6
1996	平成8年	7
1997	平成9年	8
1998	平成10年	9
1999	平成11年	1
2000	平成12年	2
2001	平成13年	3
2002	平成14年	4
2003	平成15年	5
2004	平成16年	6
2005	平成17年	7
2006	平成18年	8
2007	平成19年	9
2008	平成20年	1
2009	平成21年	2
2010	平成22年	3
2011	平成23年	4
2012	平成24年	5
2013	平成25年	6
2014	平成26年	7
2015	平成27年	8
2016	平成28年	9
2017	平成29年	1
2018	平成30年	2
2019	平成31年	3
2020	令和2年	4
2021	令和3年	5
2022	令和4年	6
2023	令和5年	7
2024	令和6年	8
2025	令和7年	9
2026	令和8年	1
2027	令和9年	2
2028	令和10年	3

2つ目（真ん中）の数字早見表

●生まれた月日を一ケタになるまで足した数字です。

1月	2つ目の数字
1日	2
2日	3
3日	4
4日	5
5日	6
6日	7
7日	8
8日	9
9日	1
10日	2
11日	3
12日	4
13日	5
14日	6
15日	7
16日	8
17日	9
18日	1
19日	2
20日	3
21日	4
22日	5
23日	6
24日	7
25日	8
26日	9
27日	1
28日	2
29日	3
30日	4
31日	5

2月	2つ目の数字
1日	3
2日	4
3日	5
4日	6
5日	7
6日	8
7日	9
8日	1
9日	2
10日	3
11日	4
12日	5
13日	6
14日	7
15日	8
16日	9
17日	1
18日	2
19日	3
20日	4
21日	5
22日	6
23日	7
24日	8
25日	9
26日	1
27日	2
28日	3
29日	4

3月	2つ目の数字
1日	4
2日	5
3日	6
4日	7
5日	8
6日	9
7日	1
8日	2
9日	3
10日	4
11日	5
12日	6
13日	7
14日	8
15日	9
16日	1
17日	2
18日	3
19日	4
20日	5
21日	6
22日	7
23日	8
24日	9
25日	1
26日	2
27日	3
28日	4
29日	5
30日	6
31日	7

4月	2つ目の数字
1日	5
2日	6
3日	7
4日	8
5日	9
6日	1
7日	2
8日	3
9日	4
10日	5
11日	6
12日	7
13日	8
14日	9
15日	1
16日	2
17日	3
18日	4
19日	5
20日	6
21日	7
22日	8
23日	9
24日	1
25日	2
26日	3
27日	4
28日	5
29日	6
30日	7

5月	2つ目の数字
1日	6
2日	7
3日	8
4日	9
5日	1
6日	2
7日	3
8日	4
9日	5
10日	6
11日	7
12日	8
13日	9
14日	1
15日	2
16日	3
17日	4
18日	5
19日	6
20日	7
21日	8
22日	9
23日	1
24日	2
25日	3
26日	4
27日	5
28日	6
29日	7
30日	8
31日	9

6月	2つ目の数字
1日	7
2日	8
3日	9
4日	1
5日	2
6日	3
7日	4
8日	5
9日	6
10日	7
11日	8
12日	9
13日	1
14日	2
15日	3
16日	4
17日	5
18日	6
19日	7
20日	8
21日	9
22日	1
23日	2
24日	3
25日	4
26日	5
27日	6
28日	7
29日	8
30日	9

2つ目（真ん中）の数字早見表

●生まれた月日を一ケタになるまで足した数字です。

12月	2つ目の数字
1日	4
2日	5
3日	6
4日	7
5日	8
6日	9
7日	1
8日	2
9日	3
10日	4
11日	5
12日	6
13日	7
14日	8
15日	9
16日	1
17日	2
18日	3
19日	4
20日	5
21日	6
22日	7
23日	8
24日	9
25日	1
26日	2
27日	3
28日	4
29日	5
30日	6
31日	7

11月	2つ目の数字
1日	3
2日	4
3日	5
4日	6
5日	7
6日	8
7日	9
8日	1
9日	2
10日	3
11日	4
12日	5
13日	6
14日	7
15日	8
16日	9
17日	1
18日	2
19日	3
20日	4
21日	5
22日	6
23日	7
24日	8
25日	9
26日	1
27日	2
28日	3
29日	4
30日	5

10月	2つ目の数字
1日	2
2日	3
3日	4
4日	5
5日	6
6日	7
7日	8
8日	9
9日	1
10日	2
11日	3
12日	4
13日	5
14日	6
15日	7
16日	8
17日	9
18日	1
19日	2
20日	3
21日	4
22日	5
23日	6
24日	7
25日	8
26日	9
27日	1
28日	2
29日	3
30日	4
31日	5

9月	2つ目の数字
1日	1
2日	2
3日	3
4日	4
5日	5
6日	6
7日	7
8日	8
9日	9
10日	1
11日	2
12日	3
13日	4
14日	5
15日	6
16日	7
17日	8
18日	9
19日	1
20日	2
21日	3
22日	4
23日	5
24日	6
25日	7
26日	8
27日	9
28日	1
29日	2
30日	3

8月	2つ目の数字
1日	9
2日	1
3日	2
4日	3
5日	4
6日	5
7日	6
8日	7
9日	8
10日	9
11日	1
12日	2
13日	3
14日	4
15日	5
16日	6
17日	7
18日	8
19日	9
20日	1
21日	2
22日	3
23日	4
24日	5
25日	6
26日	7
27日	8
28日	9
29日	1
30日	2
31日	3

7月	2つ目の数字
1日	8
2日	9
3日	1
4日	2
5日	3
6日	4
7日	5
8日	6
9日	7
10日	8
11日	9
12日	1
13日	2
14日	3
15日	4
16日	5
17日	6
18日	7
19日	8
20日	9
21日	1
22日	2
23日	3
24日	4
25日	5
26日	6
27日	7
28日	8
29日	9
30日	1
31日	2

3つ目（一番右）の数字早見表

●1つ目と2つ目の数字を一ケタになるまで足した数字です。

1つ目の数字が1			1つ目の数字が2			1つ目の数字が3			1つ目の数字が4			1つ目の数字が5			1つ目の数字が6			1つ目の数字が7			1つ目の数字が8			1つ目の数字が9		
1つ目の数字	2つ目の数字	3つ目の数字	1つ目の数字	2つ目の数字	3つ目の数字	1つ目の数字	2つ目の数字	3つ目の数字	1つ目の数字	2つ目の数字	3つ目の数字	1つ目の数字	2つ目の数字	3つ目の数字	1つ目の数字	2つ目の数字	3つ目の数字	1つ目の数字	2つ目の数字	3つ目の数字	1つ目の数字	2つ目の数字	3つ目の数字	1つ目の数字	2つ目の数字	3つ目の数字
1	1	2	2	1	3	3	1	4	4	1	5	5	1	6	6	1	7	7	1	8	8	1	9	9	1	1
1	2	3	2	2	4	3	2	5	4	2	6	5	2	7	6	2	8	7	2	9	8	2	1	9	2	2
1	3	4	2	3	5	3	3	6	4	3	7	5	3	8	6	3	9	7	3	1	8	3	2	9	3	3
1	4	5	2	4	6	3	4	7	4	4	8	5	4	9	6	4	1	7	4	2	8	4	3	9	4	4
1	5	6	2	5	7	3	5	8	4	5	9	5	5	1	6	5	2	7	5	3	8	5	4	9	5	5
1	6	7	2	6	8	3	6	9	4	6	1	5	6	2	6	6	3	7	6	4	8	6	5	9	6	6
1	7	8	2	7	9	3	7	1	4	7	2	5	7	3	6	7	4	7	7	5	8	7	6	9	7	7
1	8	9	2	8	1	3	8	2	4	8	3	5	8	4	6	8	5	7	8	6	8	8	7	9	8	8
1	9	1	2	9	2	3	9	3	4	9	4	5	9	5	6	9	6	7	9	7	8	9	8	9	9	9

81通りの心相数

112	213	314	415	516	617	718	819	911
123	224	325	426	527	628	729	821	922
134	235	336	437	538	639	731	832	933
145	246	347	448	549	641	742	843	944
156	257	358	459	551	652	753	854	955
167	268	369	461	562	663	764	865	966
178	279	371	472	573	674	775	876	977
189	281	382	483	584	685	786	887	988
191	292	393	494	595	696	797	898	999

●心相数は全部で81通りあります。

●あなたの心相数も必ずこの81通りの中に含まれています。

あなたの人生を変える
心相数＆幸福色

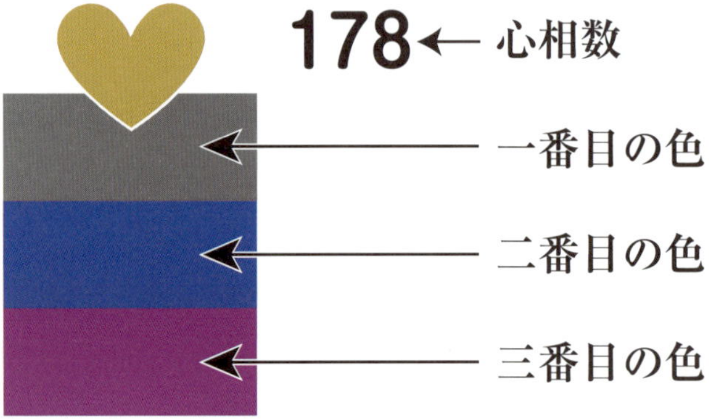

81通りの情報は、人をイメージした
人形（ヒトガタ）になっています。

♡マークが人形の顔であり、
心、魂、究極の９の数字です。

♡の色は金色で表現しています。

人形（ヒトガタ）は、
上から心相数の一番目の色、
下へ二番目の色、
下へ三番目の色を表しています。

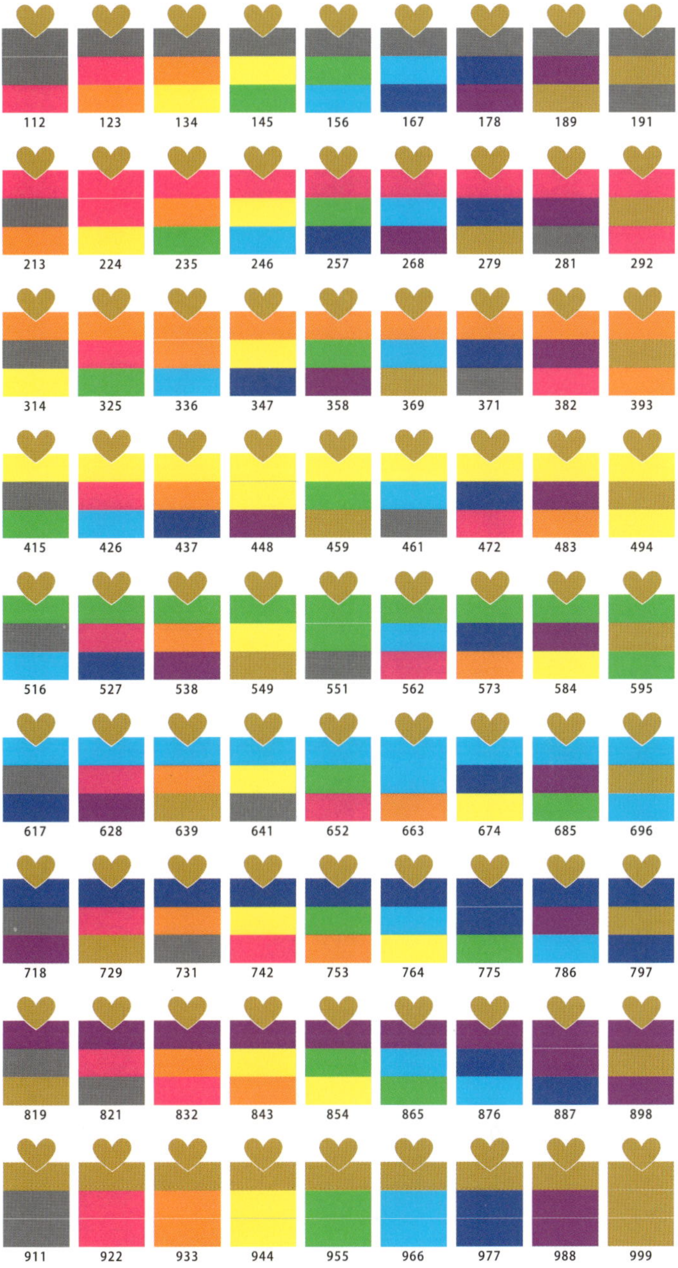
112 123 134 145 156 167 178 189 191
213 224 235 246 257 268 279 281 292
314 325 336 347 358 369 371 382 393
415 426 437 448 459 461 472 483 494
516 527 538 549 551 562 573 584 595
617 628 639 641 652 663 674 685 696
718 729 731 742 753 764 775 786 797
819 821 832 843 854 865 876 887 898
911 922 933 944 955 966 977 988 999

1のグループ

112

123

134

145

156

167

178

189

191

2のグループ

213

224

235

246

257

268

279

281

292

3のグループ

314

325

336

347

358

369

371

382

393

4のグループ

415

426

437

448

459

461

472

483

494

5のグループ

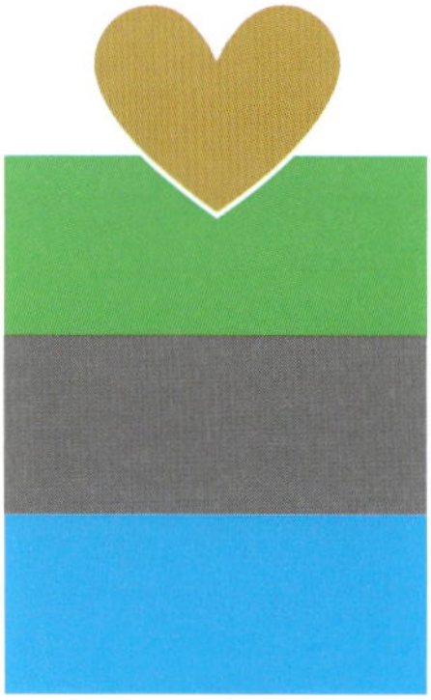

516

527

538

549

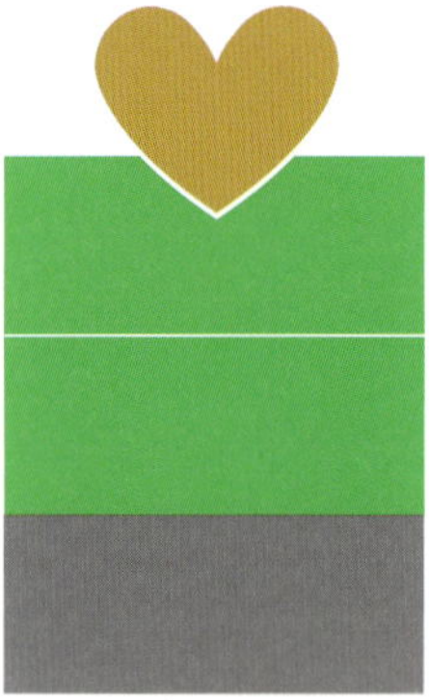

551

562

573

584

595

6のグループ

617

628

639

641

652

663

674

685

696

7のグループ

718

729

731

742

753

764

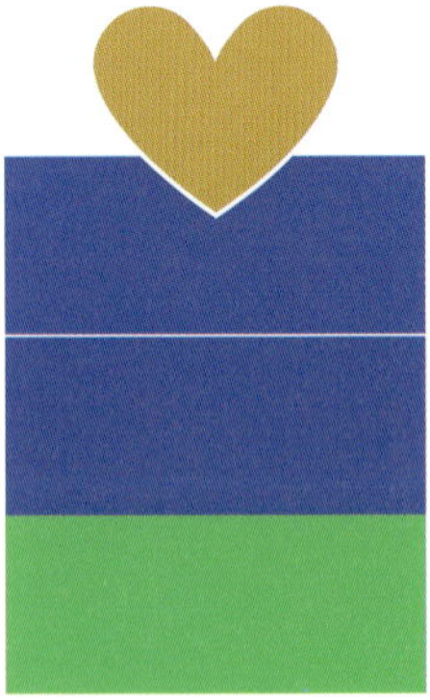

775

786

797

8のグループ

819

821

832

843

854

865

876

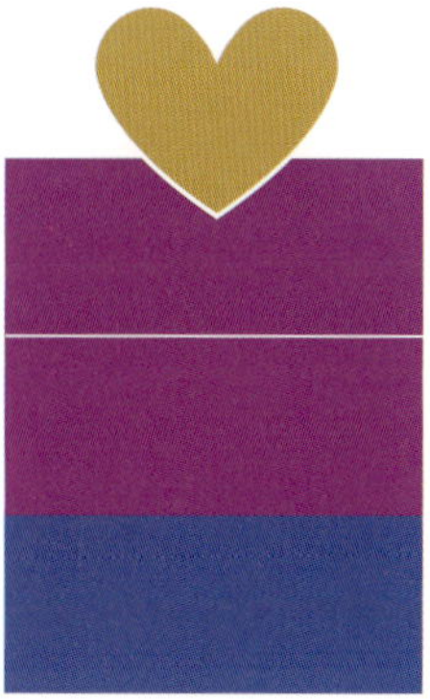

887

898

9のグループ

911

922

933

944

955

966

977

988

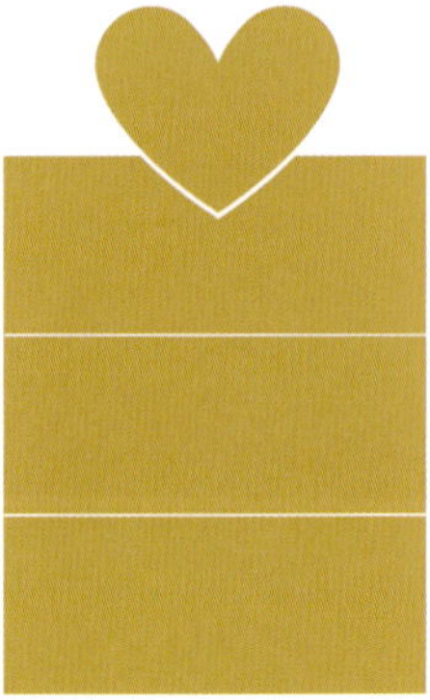

999

●ハンドブックの活用方法

このハンドブックは、
数字のすごさを知ってもらうとともに
色のすばらしさを伝えるものです。
このハンドブックの情報は①から⑤まであります。

①　**八十一通りの色と数字**
・八十一通りの幸福色一覧
・八十一通りの心相数一覧

②　**数字のすごさを知る**
・数字の役割とすごさ
・誕生日の数字からのメッセージの意味

③　**色のすばらしさを知る**
・色のしくみ
・色のすばらしさ

④　**八十一通りの情報一覧**
・八十一通りの情報の紹介
・相性情報の紹介
・行動傾向の紹介

⑤　**数字で自分を知り人を知る**
・数字から自分の情報を知る
・数字から人の情報を知る

はじめに

私たちの日々のテーマは、「変わる」ということにあります。

変わる方向性は今の自分より、より良い自分へということでしょうか。

多くの人は日々起こる出来事を偶然のことと受け止めています。そして、男女の出会い、夫婦、親子、兄弟姉妹、職場、友人知人の出会いも同様に考えています。

しかし、この出来事や出会いが偶然ではなく必然なことであるとしますと私たちはこの事実をどう受け止め、これを日常の生活にどう活かしていけば良いでしょうか。

もし出来事や出会いが何らかの働きによって必然的に起こったことであるなら、その背景にある意図や原因や理由を知りたいと思う。

実は三十数年前に、数字と色の研究をしようと決心したささやかな動機がそこにあります。以来、紆余曲折しながらこの答えを求めて今日まで来ました。

今は、数字のすごさを痛感し、色の果たす役割のすばらしさに心から感動するに至っています。

今回、四年ぶりに本を上梓することになりましたが、迷わずに本の表題に浮かんだのが「数字と色が人生を変える」でした。

今回の本は今までにない特徴を持っています。

今回初めて八十一通りの情報を「色」で表現することができたということです。九十四年に『色で運命がわかる』という本を上梓しましたときの意図は、「色のムーブメントを起こす」ということにありました。自分色、幸福色を知ることによって国民全体が生きていくことが楽しくなるに違いない、という思いがありました。

しかし、残念ながら色のムーブメントは起こらずに終わってしまいました。

当時残念に思ったことは、色の本であるにもかかわらず、本には色が登場しなかったことでした。

しかも、八十一通りの情報を紹介するには、分量も多くて、突然すぎて難しすぎるという理由もありました。結局出来上がった本は、一から九までの色の紹介と行動傾向の紹介でした。数字のすごさと色の役割の持つすばらしさが伝えられないままに占いのような本になってしまいました。
それから以降三冊ほどの本を出しましたが、二冊は基本的にこの路線の本。一冊が誕生日に刻まれている数字の紹介の本になっています。
今回は初めて、八十一通りの情報の色が紹介されます。
この八十一通りの色は理屈抜きに壮観です。
色のすばらしさを口で言わなくても「百聞は一見にしかず」で色の持つパワーがひしひしと伝わってきます。色がこんなにも素晴らしいものであったのか、人にはそれぞれに守る色があるということを目で確認できるのです。
この八十一通りの色を紹介することから、色の大切さを伝えていければと願っています。
今回の表題は『数字と色が人生を変える』ですが、
「数字」は、私たちを突き動かし行動に駆り立てているあらゆる情報を知るための材料です。
そして「色」は、日々の生活やビジネスの中で、運を味方にし、豊かな人生を手に入れるための材料です。
この二つのキーワードは人類にとって最大の宝物です。この大切なテーマが今回の本で少しでも伝えられれば本を世に送り出した意義があるというものです。

●心相科学でいう「心相」とは

この十年ほど、私の学問体系を「心相科学」という言い方をしてきました。

「心相」と使いましたら、多くの方々から、それは占いの一つで、心の状態を診るものですか、という質問を良くいただきます。世間の占いに手相や人相があるために占いの一つと理解されてしまいます。

また、誕生日をお聞きすることも占いと間違われる要因です。世間では誕生日を聞いて、それに基づく方法はすべて占いだと思われています。しかし、心相科学は占いではありません。れっきとした科学的態度で人間や社会の原理を解き明かすことをテーマとしています。

さしずめ、誕生日という素材は同じでも料理の仕方を誤れば占いになってしまいますが、科学的態度で行いますと限りなく科学的な結果に近づくものです。

また、「心」という言葉を使いますと「宗教」の一つと誤解されます。しかし、実態はむしろ科学的な態度の研究体系であります。

実は、「心相」は、ある種の造語です。

本当の意味は「想う」ということです。この想うという字を、上下を左右に入れ換えて「心相」という漢字をつくったという訳です。ですから、心相の実態は「想う」ということにあります。

●想いの法則の実践が心相科学のめざす道

私はいろいろな講演の場で、皆様に質問いたします。

「私たちの人生で最も重要な言葉、単語は何ですか」

多くの場合は「愛」とか「感謝」という答えが返ってきます。

確かに「愛」や「感謝」は大切な言葉です。

しかし、これは人間を行動に駆り立てるという意味では究極の言葉ではありません。愛とは「愛情」のことで、それは犬や猫の世界にもあります。感謝は「行為の結果」であり、感謝するために行為があるわけではありません。

私たちの生活で最も重要な言葉は「想う」という言葉です。

想うとは、「～したい」「～なりたい」「～ほしい」という意味で、願い、夢、ビジョン、希望、イメージ、目標などに置き換えられる言葉です。

この想うという意識が人類の文明を発達させ文化を発展させてきたのであります。私たちの人生においては、目標であり、前向きに頑張ろうという気持ちです。

この想いはありとあらゆる成功の法則です。

成功した人は一人の例外なくこの想いの法則を実行に移した人たちでした。

〈想いの法則の流れ〉

想う → 行動 → できるまでやる → **達成**

心相科学は、単に数字をお遊び的に研究しているわけではなく、想いのしくみを「誰でもが納得いく形で科学的態度で解き明かそう」という理論体系です。

その意味では、目指すのは、それぞれの人生の願いや夢の実現であり、それを実現するための手段が数字と色ということに他なりません。

想いの法則からしますと、私たちの人生は「想って」「行動に移す」という二つしかありません。

どうぞ、数字と色の役割を知って、あなたの願い事や夢や目標の実現に大いに役立ててみてください。そして、「行動に移す」という意味では、積極的に動いてください。動いてみるとそれぞれに合った必要な答えが見つかってくるはずです。

〈目次〉

数字のすごさ
幸福色のすばらしさ

●数字と色の日常での使われ方

数字というものは不思議なものです。

私たちの生活の隅々まで数字が使われているにもかかわらず、その重要さや役割を考えることはあまりありません。

人の体のことや経済や経営、ビジネス、建築、ものを作り出すこと、天気天候、教育、人の評価、成績、遺伝子の研究、あらゆる資格、規制の基準値、数学や物理学に代表される様々な学問体系など、有りとあらゆるものが数字に置き換えられて理解されています。

私たちの身体を例にとりますと、年齢、身長、体重、血糖値、血圧、呼吸数、脈拍、体温、心電図、脳波、生理の周期、妊娠期間、足幅、首、肩幅、ウエスト、ヒップ、バスト、手足の長さ、頭の大きさ、指輪、衣服のサイズなどすべてが数値化されて理解されています。逆に言いますと私たちの存在の実態は数字の化身として、見た目の肉体となって現われているとも考えられます。

ビジネスも数字がなければ成り立たない世界です。

事業計画から始まって業績の成果の有無もすべて数値化されて表現されていきます。世界経済の現状や行く末、企業の評価である株価も数字で把握され理解されています。

まさに数字がなければ私たちの人間社会は成り立たないといっても過言ではありません。だからこそ、これほど重要なテーマである「数字」について考えてみる必要があります。もしかしたら、数字のしくみや役割を考えることによって「数字」の果たす役割の本当のすごさを深く認識できるかもしれません。

実はこういった数字に対する興味と希望が今回のテーマでもあります。

皆様に少しでも数字のすごさに気づいていただければと願って、この本を書いた次第です。

色も不思議なものです。

私たちの周りには着るものから小物、住まいのインテリア、車や電車などの交通機関、さまざまな商品のパッケージ、自然の花や草木、空や海、朝焼けや夕焼け、紅葉、虹など、沢山の色にあふれています。

見えるものには形があり、形には色がついています。私たちを取り巻いているすべてのものに色があることを考えますと、なぜ色があるのかということを考えてみることも必要になってきます。

ここでも数字と同様に私たちは日頃、色の役割のすばらしさを知らないままに過ごしています。ほとんどの場合がファッションやインテリアの色であったりと、感性や好みの問題で終っています。

この周りにある色の役割を知って使うことが出来たら、こんな素晴らしいことはありません。

今回の本のテーマの二つ目は、この色の役割のすばらしさを知って皆様の日々の生活の中で大いに活用していただきたいということにあります。「色」が社会でブームになることが人々が幸せになる姿だと思っています。そういう願いを込めて、この本では「色」のことを「幸福色」という呼称で紹介しています。

●誕生日のメッセージ

身近な意味での数字は誕生日に現われています。

誕生日は、「生年月日」という数字によって表現されています。

誕生日に対しては、私たちはある種の特別の想いを抱いています。

一人の人間として、この世に誕生したということには、生命の神秘として深い意味があります。出生率の低かった昔だけでなく、今の時代においても「誕生日を祝う」という心情には、産まれてきたかけがえのない命への尊い気持ちが表れています。

誕生日の生年月日という数字も不思議なものです。

自覚するか否かにかかわらず誕生日の数字は、私たちの一生に大きな影響を及ぼしています。選挙権、法的権利をはじめ、あらゆる資格条件や就学条件、人生の通過儀礼、祝い事は、すべて誕生日の数字を基に決められています。

それはもう私たちにとっては、〈存在の証〉と言っても良いでしょう。免許証や保険証が個人を証明し確定する場面で使われていることを想定しますとつくづくそう思います。

そしてまた、私たちが年齢を意識し、一度しかない人生の機微を考えるのも誕生日があるからです。歳を受け入れた瞬間にその歳の意識になってしまうという訳です。老いるというのは自分の歳を受け入れることによって起こる心身の現象です。
昨今、アンチエイジングが女性の間でブームになっていますが、精神的なアンチエイジングを決定づけているのも、年齢を意識させる生年月日という数字です。

この誕生日にはもう一つの重要な役割があります。

誕生日を、人を識別する材料、個人ナンバーとしての役割だけでなく、実は、この誕生日という数字に人生に関わる生きていくために必要なすごい情報が刻まれているのです。

今回の表紙に「誕生日からのメッセージ」と題しましたのは、まさに誕生日のもう一つの重要な役割を知っていただきたいという願いからなのです。

この誕生日に数字として刻まれた情報は、祖先からの贈り物、天から授かった生きるための材料と呼べるにふさわしい大切で素晴らしい「情報」です。

この情報を知るか知らずかでは、人生の意味が大いに違ってきます。一度しかない人生を感謝に満ち溢れて豊かなものになるのか否かは、誕生日に刻まれたメッセージを正しく解読し、受け止めることから始まるといって良いでしょう。

これまでの研究では、誕生日には、まさに人生のすべてと言っていいほどのありとあらゆる情報が記録されていることがわかっています。今わかっていることと、今後わかるであろう項目をあとに詳しくご紹介しましょう。

●数字の役割をみてみましょう

数字は人類史上最も偉大な発見です。

この数字の発見のおかげで、人類は文明を発達させ文化を発展させることができ、万物の霊長にまで上り詰めたと言われています。

数字の役割は二つあります。

一つは物を数える計算機能です。これは日常の中で欠かせない行為として活用されています。

もう一つの働きが見えない情報を見える形で表すことができる翻訳機能としての働きがあります。

この翻訳機能が今回の誕生日からのメッセージです。

翻訳機能は、科学分野にとってなくてはならないアプローチです。

科学の世界も見えない世界です。この見えない情報の世界を見える形に表すには、どうしても数値化という手法によって翻訳することが必要になってきます。

自然科学の分野の物理学は数値化された世界と言われています。

マクロの宇宙もミクロの宇宙も共に数値化されて証明される世界ということです。私たちの見ている宇宙という実態は、実は数字の世界を見ているにすぎないのかもしれません。

数字はこのように、「実態を把握するもの」、「実態を表現するもの」、「あらゆる実態を数字を用いて創造し再現するもの」ということになります。

二千五百年前のギリシャのピタゴラスは「数字で証明できないものはない」という言葉を残しました。この「証明」というものが、実態の「把握」「表現」「創造」「再現」にほかなりません。見えない世界の情報を翻訳するということはこういう意味があります。

これを私たちの生活に置き換えますと自然科学のみならず、人や社会のしくみを解き明かす社会科学においても、すべてが数値化されることによって真理が解き明かされ、実態が見えてくるという訳です。

少し難しい話になってしまいましたが、数字の役割は、「私たちが知りたいあらゆる情報を知るための材料」ということで理解してください。

人生においては、私たちの行動の意味を解き明かす材料も数字という訳です。

なぜ出来事が起こったのか、なぜ人との出会いがあるのかなど、私たちの「行動」の背景にある意図や原因にまでさかのぼって、数字でその理由を知る、ということでもあります。

●誕生日の数字情報はＤＮＡ遺伝子の情報

誕生日には生きるための様々な材料が記録されていると言いました。

実は、宇宙の生命のしくみの中では、生命に必要な情報はＤＮＡ遺伝子に「生命の設計図」として記録されています。ですから、一つの仮説ではありますが、この誕生日の数字もＤＮＡ遺伝子の情報と理解することができます。

遺伝子には、三つの形質の情報が刻まれています。

一つは、親から伝えられた容姿容貌や病気の因子などの肉体的形質です。

二つは、性格形成の素となっている精神的形質です。そして最後は、私たちの出会いや出来事を左右する運命的形質です。

前二者は学者の間でもさほど争いがありませんが、最後の運命的形質に関しては大いに異論が出そうです。

ただ、数字に情報が記録されているという立場からしますと、どうしても人生に関わる事柄のすべてが、偶然ではなく大いなる宇宙の働きによって必然的に行動に表れていると考えるほかはありません。

逆に言いますと、この立場での証明として今回の本を世に送り出すのであります。

自然科学には二つのフィルターがあります。

一つは証明できないものは科学ではない、ということです。これを証明可能性といいます。次に、証明した、という事実を再現できなければなりません。誰が追実験しても同じデータが出てくる、これを再現可能性といいます。この二つを通せなければ自然科学でいう「科学」にはなりません。

見えない働きは見えませんから、この二つのフィルターを通すことが困難です。しかも、二つ通さないといけませんので、ほとんど不可能であります。

心や運命の問題、出会いや出来事の原因や意図に関しては、ほとんどがこの二つのフィルターを通せないままに、非科学のレッテルを張られてしまっています。

ですから、宗教をはじめ、心の世界は、人類の誕生から今日まで証明できないままに、信ずるか信じないかという世界になってしまっています。信ずる人にとってはあるし、信じない人にとってはない世界という訳です。

こういった現状を前提として、あえて私たちを突き動かしている世界の存在、出会いや出来事が、偶然ではなく必然の働きによるものであることを伝える立場に立ちたいというのが私の気持ちです。

なぜなら、数字から知る見えない世界からのメッセージは、あまりにも素晴らしく無視できるものではないからであります。

人生が何千年何万年もあれば、この今生の百年は後悔する失敗の百年であっても構いません。しかし現実には、私たちの一生は長く生きても、ほんの百年足らずの一生でしかないのです。時間の流れの中ではこの百年はほんの瞬きの一瞬でしかありません。この限りある人生を「ああ今生は良い人生であった」と旅立つ前に思える人生を送りたい、というのが誰しもの願いではないでしょうか。

この人生を意義深いものにできるなら、私は誕生日に刻まれた私のメッセージを知りたいと思う。この人生を悔いなく豊かなものにできるなら、私は誕生日に刻まれた数字を受け取って人生に活かしていきたいと思う。

私の研究への情熱は、一人でも多くの方々に同じような気持ちで人生を歩んでいただきたいと思うからです。

《81通り心相数のＤＮＡ立体モデル》

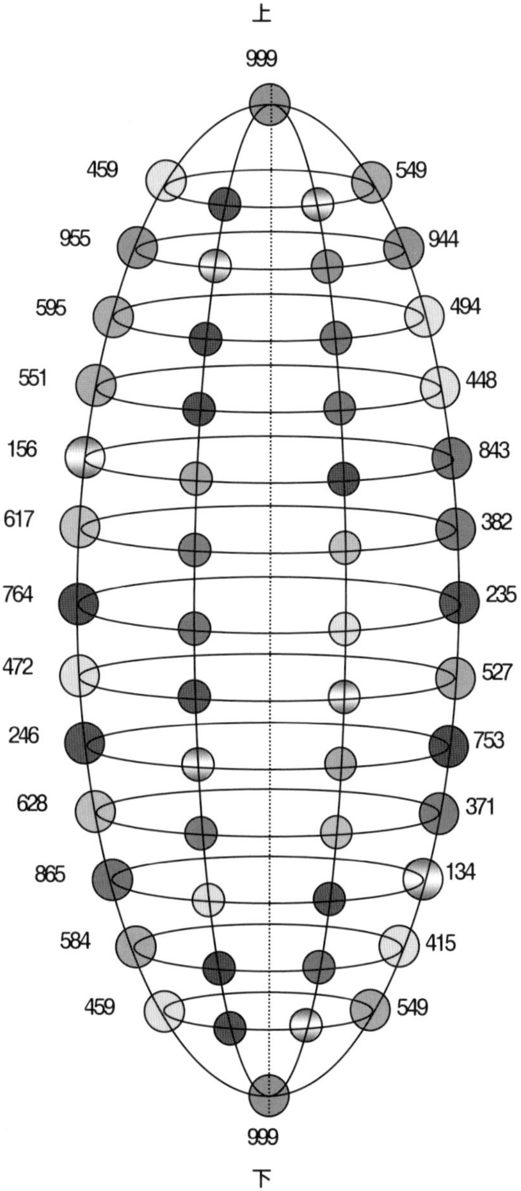

●数字を知ることで人生が変わるという意味

数字は見えない情報を見える形にする翻訳機と申しました。

私たちが知りたい情報を知るための手がかりが数字という訳です。

では、数字を知ることによって具体的に人生がどう変わっていくのでしょうか。知っても変わらなければ知る意味がありませんが、知ることによって変わるのであれば、大いに知る必要性があります。

数字の役割はいろいろありますが、

最大の役割は、数字は実態をあらわす本質であるということです。

数字は、「実態を把握するもの」、「実態を表現するもの」、「あらゆる実態を数字を用いて創造し再現するもの」ということを言いました。

数字は神の技術と呼べるもので、ありとあらゆるものを作り出すしくみになっています。しくみとは、あらゆるものははじめに数字で組み立てられ、その後に、時間軸と空間軸の中で量的・質的処理が施されて、それを認識できるように現象化していったという意味です。

数字の重要さを知りますと、私たちの世界の実態は「数字」であり、私たちが見ているのは「現象」にすぎないのではないかという気持ちにさえなってきます。

私の住む近くに高層ビルが建築中ですが、そのビルの実態は「設計図」です。設計図に必要な数字が描かれていて、柱や鉄筋の数や耐震の強度もすべて数値化されています。この設計図を基にすれば同じ建築物を何個でも建てることが可能です。いまそこにある建物は仮の姿に過ぎません。単に今私が見ている対象でしかないのです。

私たちは人を好きになります。

好きになる対象は一人の肉体をもった人間です。目の前で見ている人間さえ、実は実態は「数字」なのかもしれません。私たちは人を見ていると思っていたのは「数字」が「肉体」という姿になった現象を見ているのかもしれません。

コンピュータ解析で一人の数字データを入力しますと、コンピューターは入力された通りの人を複製し再現します。

私たちの人体も建物と同じです。生命のしくみはＤＮＡに設計図として記録されています。ＤＮＡの再生医療の本当の姿は「数字」の再生であって、私たちは再生された物質としての細胞や臓器や肉体を見せられているのかもしれません。

人の出会いも数値化されたもの、人の一生も数値化された情報と考えられます。「類は友を呼ぶ」という表現も同じ周波数の人を呼び込むという意味では、その人固有の数字の情報が同調して人を呼び込むというしくみでしょうか。

ビジネスの実態も数字です。

ビジネスは「黒字化の科学」です。

黒字化とは、儲けること、無借金経営、キャシュフロー経営という意味です。黒字化は数字でみるしか判断できません。会社のビルをみてもわかりませんし、経営者の顔色を見ても経営の実態はわかりません。黒字化はある状態を表現したにすぎません。私たちが経済行為としての行動のすべてが実態は数字になっています。

数字は「実態を把握するもの」、「実態を表現するもの」、「あらゆる実態を数字を用いて創造し再現するもの」ということをもう一度考えてみてください。

数字を役立てるという意味は、この実態を表現するしくみを逆手にとって、宇宙や自然や人や社会の成り立ち、そして私たちの人生の出会いや、出来事、行為を深く読み取るということでもあるのです。

次に、一般的には、仕事の目標設定や状態を把握するものとしての役割です。

生活やビジネスが数字なしには成り立たないのであれば積極的に数値化して目標や行動を明確にしていく。数字で実態を正確に把握しておく、という訳です。

その意味の数字は必ず実態に合った根拠や理由が必要です。根拠を示せない数字は本当の実態ではありません。

今回は、誕生日にメッセージとして刻まれた数字の情報をどのように活用するかということですから、数字を知るための材料、なぞ解きの材料として活用していきましょう。

私たちが知りたいことはたくさんあります。

過去も知りたいし現在、未来も知りたいと思っています。一度しかない人生で起こる出来事や出会いの意味も知りたいと思う。

偶然ではなく必然だとしますと、必然を必然たらしめている意図や原因を知りたいと思う。

数字は、出会いや出来事の意図や原因にまでさかのぼることのできる唯一の客観的な情報です。

出会いや出来事は私たちの意思を超えたところでしくまれて訪れるものです。

もし、この出会いや出来事の意味がわかりますと、必然たらしめている宇宙の働きに感嘆するに違いありません。

見えない働きの存在を知れば今までの生活が一変するかもしれません。

当たり前と思っていた関係が深い意図に導かれて結ばれていたことを知りますと、その出会いに感謝し相手に対して深い愛情が芽生えてくるかもしれません。

今回のテーマはまさに、日々の当たり前と思っていた関係を見つめ直し、本当の出会いに結び直すための作業になるものです。

具体的な場面をイメージしてみましょう。

例えば、家族の情報を生年月日からひも解きますと、一人息子が両親の合計数と同じ場合があります。

誕生日から算出した数字の情報は八十一通りありますから、両親の合計数が出現する確率は八十一分の一となり奇跡に近いご縁の子供ということになります。

この場合は、両親はこの子を世に送り出すために配偶者と出会い、結婚のご縁を結んだということになります。

こう解釈しますと夫婦や親子のご縁も単なる偶然ではなくなってきます。

この事実を目の当たりにしますと今までの夫婦の関係や親子の関係が一変します。偶然で出会ったと思った関係が必然であるとしますと、出会わせてくれたことに感謝の気持ちでいっぱいになってくるはずです。これを〈愛の法則〉と呼んでいます。〈愛情がより深くなる法則〉という意味です。

出会った意味がわかると深く愛せざるを得なくなるはずです。そして、こうしたご縁を大切にせざるを得ません。

●誕生日に刻まれている数字からわかること

数字は見えない情報を知るための翻訳機ですから、この世のあらゆることは数字でなぞ解きが可能です。

三十余年の研究で今現在わかったことと今後わかる可能性のある項目を紹介しておきます。

〈今までの研究でわかったこと〉

・会社の浮き沈みがわかる
・会社の大飛躍の時期がわかる
・どんな運命の糸の色で結ばれているかがわかる
・勝負事の勝敗がわかる
・人との信頼関係を築く材料として優れている
・事故事件が起こった意味がわかる
・仕事の仕方・成功法則がわかる
・未来の科学の「答え」がわかる
・ビジネスの見えないリスクマネジメントがわかる
・子育ての方法がわかる

・子供の能力傾向がわかる
・お金の儲けられるパターンがわかる
・会社の番頭役がわかる
・会社の後継者と後継のタイミングがわかる
・組織での動き方や活躍の方法がわかる
・普遍的な成功法則がわかる
・ビジネスチームの組み方がわかる
・恋愛傾向がわかる
・結婚傾向がわかる
・特別の運命の人がわかる
・株式投資のための会社の状態がわかる
・自分の精神のバランスのとり方がわかる
・誰が親の面倒をみるかがわかる
・仕事の力関係や頼る傾向がわかる
・どの親からの流れで生まれたかがわかる
・その人の家族の過去・現在・未来がわかる
・出生の順位がわかる
・生まれてきた意味と人との出会いのご縁がわかる

・将来の職業に就く傾向がわかる
・初体験の時期がわかる
・心のリズムと感情の起伏がわかる
・自分を守る守護色と守護数がわかる
・体のリズムがわかる
・SEXの傾向がわかる
・自分の強みがわかる
・自分の人生の配役がわかる
・ビジネスパートナーのビジネス傾向がわかる
・芸能人のデビューに適した時期がわかる
・運を味方にする方法がわかる
・ラッキー月がわかる
・一日の運気がわかる
・一年の運気がわかる
・一生の運気の流れがわかる
・人生の役割・使命がわかる
・政治におけるリーダーの選び方がわかる
・選挙の当選の有無がわかる

・成功者の心相数から成功法の実例がわかる
・出逢ったご縁の意味がわかる
・夫婦の相性がわかる
・自分が何者かを知ることができる
・会社の良い設立日がわかる
・良い結婚の日がわかる
・人の出生時期がわかる

〈今後の研究の可能性〉

・男女の産み分けがわかる
・未来に出逢う人がわかる
・天変地異がわかる
・人の生き死にがわかる
・病気になる傾向がわかる

〈数字の技法をいろいろな場面に役立てる〉

・数字の技法は世界中どこにおいても共通の話題にできる
・どんな人とも出会える
・見えない世界の存在を確信できる
・お客様との心の交流に役立てる
・子育てに役立てる
・企業経営に活かす

●単数変換技法の不思議

単数変換技法について紹介しておきましょう。

数字に誕生日からのメッセージが含まれている、と言いました。

しかし、誕生日の情報がそのまま数字の情報ではありません。

誕生日に刻まれている情報は「単数変換」という技法によって初めて引き出すことができます。

単数変換の技法はあなたのこれまでの人生で学んだことのない数字の概念で、初めてという方が大半でしょう。

単数変換というのは、二ケタ以上の複数の数字を一ケタになるまで足し続ける、という手法で、私たちが知りたい情報を１から９の九つの数字にまとめて表現するために考え出されたものです。

例えば、

十八という数字は、十＋八＝九。二百二十四ですと、二＋二＋四＝八になります。西暦の一九五八年ですと、一＋九＋五＋八＝二十三→二＋三＝五になります。

求心の図

112	156	178	516	551	573	718	753	775
134	191	167	538	595	562	731	797	764
123	145	189	527	549	584	729	742	786
314	358	371	911	955	977	617	652	674
336	393	369	933	999	966	639	696	663
325	347	382	922	944	988	628	641	685
213	257	279	415	459	472	819	854	876
235	292	268	437	494	461	832	898	865
224	246	281	426	448	483	821	843	887

・時間軸に関する様々な情報がわかります。
・親子関係の遺伝子継承関係、相性がわかります。
・家を継ぐ役割かどうかがわかります。
・組織での動き方やリーダーの傾向がわかります。
・嫁取り婿取りの御縁がわかります。
・男女間の相性、出会いと結婚の有無がわかります。
・性格情報がわかります。
・健康状態、病気の傾向がわかります。

単数変換で導き出された数字は奇妙キテレツで不思議な数字です。数学的には謎の領域です。

ただ、数字は元々1から9で成り立っていることを思えば、

数字を一ケタにするという世界も取り立てて不思議ではありません。

数字には計算機能と翻訳機能があると言いましたが、単数変換の数字は計算機能としては何の意味もありません。

例えば、二十一メートルを単数変換して、二＋一＝三　としても意味がありません。しかし、私たちが知りたい情報をひも解く翻訳機能としては、優れたものがあります。

どうぞ、この単数変換という技法を大いに活用なされて、出会いや出来事の意味を解き明かしてみてください。きっとあなたもこの単数変換のすごさに虜になるに違いありません。

遠心の図

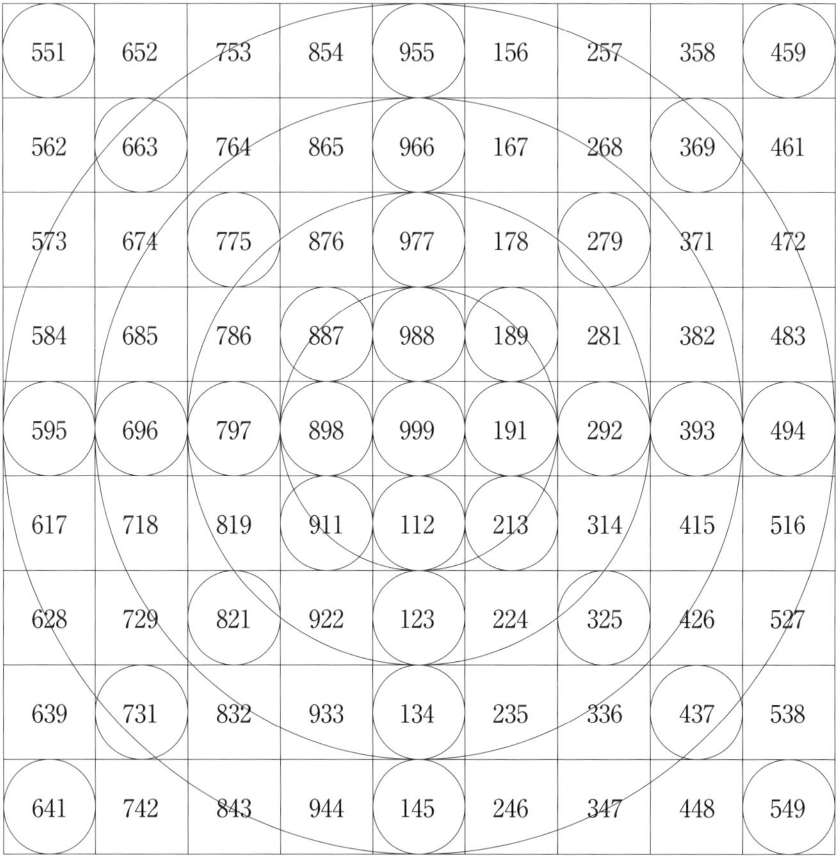

・空間軸に関するさまざまな情報がわかります。
・人生で出会う人との御縁がわかります。
・人生で出会う人との位置関係がわかります。
・自分を支える八犬伝の出会いがわかります。
・自分に備わっていない性格傾向がわかります。
・自分を守護するラッキーカラーの配置がわかります。

色の役割とすばらしさ

●色の役割をみてみましょう

数字は情報を知るための翻訳機としての材料でしたが、色の役割は何でしょうか。色の働きと役割についてご紹介しておきましょう。

色の働きは七つあります。

一つ目は、生命を守るセンサーとしての視覚情報としての役割。
二つ目は、人間が共同体として社会をつくり維持する上の組織統合のシンボルとしての役割。
三つ目は、ファッションとしての役割。
四つ目は、絵画やデザインなどの分野での表現方法。
五つ目は、商品などの物を表示したり、表現するための役割。
六つ目は、私たちの意識を奮い立たせ、やる気を引き出す材料。
七つ目は、私たちの心身を守りツキや運を味方にする働き。

この七つの役割からわかることは「色は変化するための具体的な材料」になっているということです。

物事には診断と治療、診断と解決策という二つの作業があります。

風邪を引いて病院に行きますと、まずは診断から始まり、症状がわかりますと治療に移ります。薬をいただくのはまさに治療の行為という訳です。

いろいろ悩みごとを抱えてカウンセラーのもとを尋ねますと、悩みの原因や背景を明らかにすることから始まって、解決に向けての具体的なアドバイスに移ります。この解決への具体的なアドバイスが解決策です。

日々の生活においても同じことが言えます。

最初に紹介しました「数字」はあたかも診断のようなものです。数字でいろいろな起こっている事柄を解き明かす作業です。そして「色」は今の置かれている状況をより良いものにするための変化するための解決策です。

診断と治療は車の両輪です。

診断だけして治療のない行為は何の解決にもなりませんし、診断をしないでいきなり治療から入るというのも適切ではありません。

今回の本のタイトルを「数字と色が人生を変える」と題しましたのは、診断としての数字と解決策としての色が二つあいまって、あなたの人生を変えていけると信じたからです。

色のしくみについてもう少し説明しておきます。

色の認識は視覚情報によってなされます。

視覚は五感情報の一つですが、五感は、何が身体にとって危険な情報なのかを判断するための生きるためのセンサーの役割を担っています。

危険性を察知する五感情報の割合はおおよその場合、視覚情報（目）が六十パーセント、聴覚情報（耳）が三十パーセント、嗅覚（鼻）、味覚（口）、触覚（皮膚）が合わせて残りの十パーセントになっています。いかに視覚からの情報が生命を守っているかがお分かりいただけるのではないでしょうか。

少し、イメージしてみましょう。

あなたが北海道の山林に足を踏み入れたとしましょう。

まずは、五百メートル先からクマがこちらの方へ向かってやってくるとしましょう。こういった状況では、目からの情報が一番命を守れるという訳です。次に姿は見えないけれども自分が今進もうとしている森の方からクマの叫び声が聞こえてくる。そういったときにはクマのいる森へ入る人はおりません。当然思いとどまることでしょう。匂いや手で触れる距離というのはもはや一貫の終わりです。

私たちの日常でも同じことが起こっています。

目はテレビや映画を見るためにあるわけではありません。毎日の生活の中で意識するか否かにかかわらず常に生命のセンサーが作動し、危険の有無を脳のコンピューターに送り続けています。ですから脳は目からの情報を処理するために膨大なエネルギーを消費することになります。

私たちの身体が疲れてきますと体は復活のためのメンテナンスが必要になってきます。まずは六十パーセントの情報の窓口である瞼を閉じて、脳を休めることを指示します。私たちが疲れたときに睡魔に襲われるのは、こういった脳の働きによるものです。

視覚情報を成り立たせている要素は、「色」と「形」の二つです。

色というのは光が目に見えた状態で認識されるものです。

物理学では電磁波の周波数帯の中で可視光線と呼ばれる波長領域が私たちが認識する色になっています。

色は色相と明暗からなっています。明るい場所でしか色が認識できないということでもあります。

形の認識は、手で触ったりしてもわかりますが、色だけは目を通してしか認識できません。そこに色の重要性があります。

可視光線のすべての色を識別できる目のセンサーを備えているのは人間だけだと言われています。
なぜ、人間だけが虹の七色やプリズムの色相を認識できるのでしょうか。
これは外敵から身を守る武器を持たない人間に与えられた生きるための武器と呼べるものです。使用される色の区別が可能になったおかげで、危険なものを判断する視覚のセンサーの精度が大きくなったと考えられます。

五感情報の認識は、情報の「量」の問題です。

色の認識も量によって決まるものですから、私たちの色の認識も量に比例して大きくなっていきます。視覚情報が六十パーセントで、その視覚の要素が色で、その量が問題になるとしますと、私たちの心身に影響を与えるのも色の量の問題ということになります。
今回、皆様に色を紹介するのも、色を量的に活用することを勧めるということでもあります。前述した七つの役割のすべてにおいて、「色の効用は量によって決まってしまう」ということになります。
自分色を身にまとったり、身近に配置する意義は、こういった色の量をどのように獲得していくかという問題でもあります。

●色を知ることで人生が変わるという意味は

今回は、はじめに八十一通りの色を紹介しています。

今までは一から九までの一色の情報しか紹介していませんでしたが、初めて皆様のすべての固有の色（幸福色）を紹介することができました。色合いも大体私がイメージしている通りに出ています。

八十一通りの色のパターンは壮観ですね。それぞれの固有の色から色に託された生命のパワーが伝わってきます。

「色が人生を変える」というのは、あなたの固有の色（幸福色）を生活やビジネスに役立てるということです。

色は自分を守るものですので、色を身に付けることによって意識の高揚ややる気、精神的な癒しをいただくことになります。

色は身近にあふれていますから、身近な色から視覚化を通じてはげましのエネルギーをいただくということです。

しかもどこにいても色はありますのであなたが意識さえすれば、いつでも周りの色からエネルギーの吸収ができます。

自分を守る固有の色を知りますといろいろなことが変わります。

今までのファッションの色の選び方や日常のものの選び方が知らず間に変わっていきます。なんとなく自分の色に手が伸びていきますし、自分の色の服や小物に心地よさを感ずるようになります。遊び感覚で勇気づけられながら、色と関わっていく楽しみが出てくるのです。

●色はツキや運を呼び込む最大のアイテム

実は、本当の色の重要さというのはツキや運を味方にするための材料ということにあります。運は生きものに例えられます。さしずめ「運ちゃん」ということでしょうか。

運ちゃんは、不安が嫌いです。

不安になりますと家出するという習性があります。

ですから運ちゃんのためにはいつも安心感一杯で過ごさなければなりません。

運ちゃんが色を喜ぶ理由は、色が視覚情報ということにあります。

視覚情報をもう一度説明しておきましょう。

視覚情報は五感の中で生命のセンサーとして最も情報量が大きいものです。

心身への危険な情報は、視覚を通じて脳に働きかけられ、しまいにはＤＮＡ遺伝子にまで伝えられていきます。

危険はそのまま不安に直結します。この危険を回避する色のしくみこそ私たちを守る情報になるというものです。

この不安を安心に変える材料が「色」。色は人間に与えられた自分を守るアイテムという訳です。

自分の周りにある材料を自分をはげますものとして使う。

その意味では色は結構な材料です。身に付けるもの、持ち物などはげましの材料としては手軽で使い勝手が良いものです。色は周りに無尽蔵にありますので、これを利用しない手はないですね。

●色は宇宙エネルギーの可視光線の波長帯です

心相科学では1～9までの数字に固有の色を配置して、守護色としています。

基本的な色は、2～8までの数字に配色された虹の七色です。宇宙の電磁波における、可視光線の波長領域が見える世界の七色をつくっています。この七色は宇宙の色であり、生命が普遍に備える活かす色です。

1と9の数字は、長波の赤外線と短波の紫外線への広がりを象徴する無色を配色しています。

無色とは色がないということではなく、全ての色が含まれるもの。光そのものを指しています。可視光線以外の波長領域にも、目には見えませんが色の帯が、宇宙空間に広がっているという意味です。

色という概念とは異なりますが、心相科学理論では、色とは別に1と9に銀と金を配置しています。これは古代人の金銀に対する素朴な崇拝の感情を可視光線を越えた世界の象徴としてあてはめたものです。

電磁波の波長領域

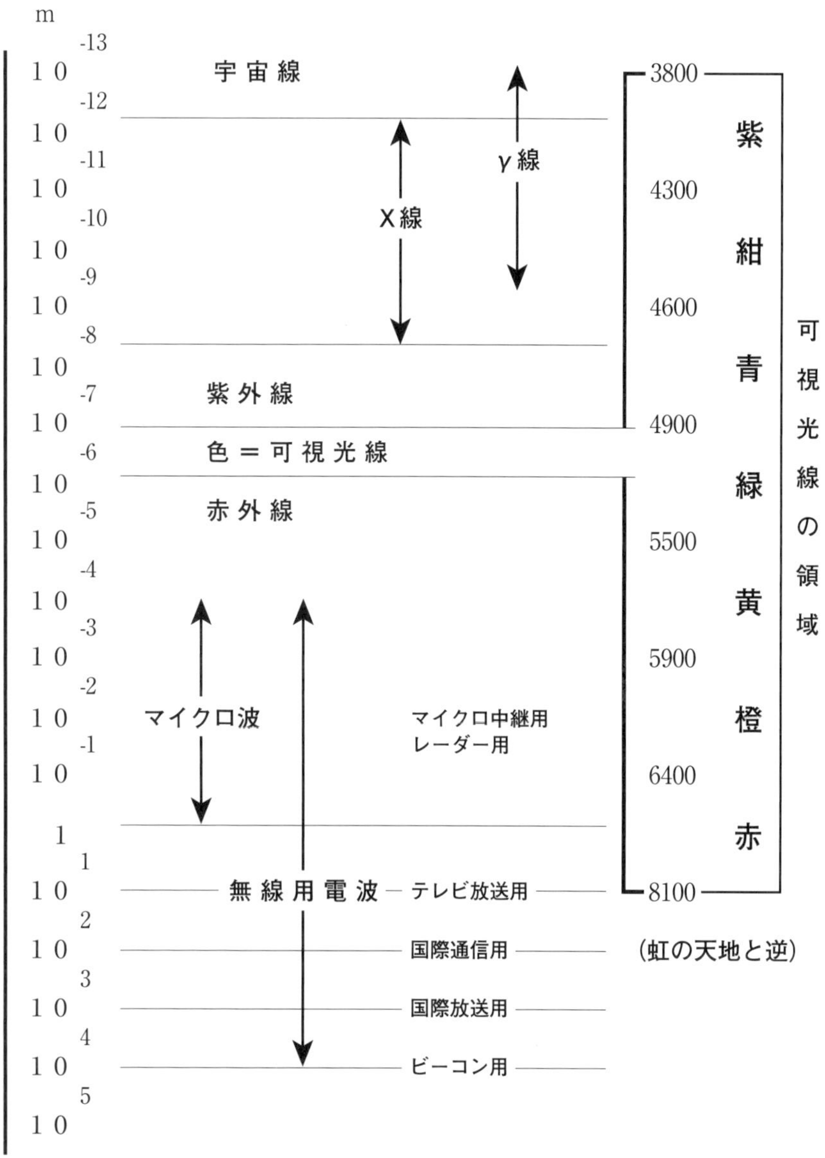

※上記の図は波長領域の長い方から短い方へと下から上へ描かれています。

●私たちは固有の守護色を持って生まれてきた

色は、心相科学の重要な研究テーマの一つです。

少しだけ理屈的なことを考えてみましょう。

なぜ、守護色にこだわるかの理由探しをしてみましょう。

人はそれぞれに、固有の色を持って生まれてきました。

そして、この固有の色が一生を通じて、私たちを活かし、支えてくれるものとなります。心相科学ではそう確信しています。

簡単にいいますと、私たちの肉体はエネルギー体であり、このエネルギー体は、太陽の光が食物連鎖の中で肉体になったものです。

エネルギーという意味では肉体も光も同じもの。そして、色は光の化身。光が見える形で存在している姿が色なのです。

私たちがいろいろな色の中で、色に対する好みが生ずるのも、体の色が固有の色に共振し、引き起こす感情の仕業です。

私たちの体が、固有の守護色を覚えているのです。

体が覚えているというのは、体の設計図であるＤＮＡ遺伝子が覚えているということです。遺伝子に共鳴して、私たちは自分の色を好きになるのです。

●既存のさまざまな手法によるラッキーカラーの問題点

カラーコーディネーターやセラピーの世界でラッキーカラーをみつけるというようなことが行われています。

大体の場合は、顔の皮膚の色や骨格にあわせて、ラッキーカラーが決められていきます。あるいは、心理テストに基づいてその人の関心のある色がラッキーカラーであるという言い方がなされていきます。

占いの手法でも、色はラッキーカラーとして大切に活用されています。

ただ、占いの場合には、現在のような「色相」の区別がないままに白や黒もラッキーカラーとされています。

とくに黒をラッキーカラーとすることは、生命の原則からいろいろな弊害がありますので、占いのラッキーカラーの分類には問題が多いといえます。

●幸福色は一生を通じて変わらないもの

心相科学でいう幸福色は、一生を通じて変わらないものです。

カラーコーディネイトでいわれるように、年齢による皮膚の変化によって刻々と変化するものではありませんし、心理学でいう心理の変化によって変わるものでもありません。

幸福色は、一生を通じて私たちを危険から守り、ツキを呼び込み、リズムを調整し、心身を癒す役割を担ったものです。

●三つの幸福色の活用の仕方

「三つの数字のうちどの色が一番強いですか？」

というような質問を良く受けます。

確かに心相数が三つあって、それにあわせて色も三つある場合には素朴にこう考えることもあるでしょう。

人の心理として、幸福色は一色に絞りたいということでしょうが、心相科学理論では、三つの数字の数だけの色があると考えています。

三つの数字は全て幸福色というわけです。

逆に考えますと、幸福色が三つもあるということになると、それだけ活用できる色の範囲が広くなり、生活が楽しくなるというものです。〝ものは考えよう〟で多い方が良いということです。

どうぞ、あなたに与えられた三つの色を好きなように、使いこなしてみてください。きっといいことがありますよ。

●幸福色の研究を始めた理由

「色は私たちを守るもの」という考えの下、これまで三十余年の間、一貫して守護色の研究を続けてきました。

最初はお遊び的なものでありましたが、あるとき私の教室に集っている方々が一人の例外なしに、自分の色を身につけていることを知って驚きました。

それを機会に、科学として本格的な研究がはじまりました。

現在は、心から人それぞれに、固有の守護色があるということを確信しています。

●色が守護する働きを持っているという意味

私たちはエネルギー体です。

食物をエネルギーに変えて生命を維持しています。このエネルギーの元の姿は、地球上にあっては太陽のエネルギーです。
食物連鎖の中では、植物が光合成によって太陽のエネルギーを取り込み、動物の食料となり直接間接に私たちに受け渡されていきます。
室内の電球の明りは、元々は太陽のエネルギーが植物に摂取され、化石燃料になり、発電の資源となり、それを燃やした結果、電気が作られ、その電気が電線を通って家まで運ばれたものなのです。

明りと太陽は同じものが形を変えただけです。

明りは太陽の化身です。同じように、私たちの体も太陽エネルギーが元になっていますので、太陽の化身といえます。
そして、色は見えない光が見える形で現れたものですから、当然に光そのものといえます。色が光の化身であれば、私たちの体も同じように光の化身。エネルギーというくくりでとらえますと、色と私たちの肉体は共通の要素をもっています。
エネルギーであれば、宇宙のエネルギーの影響を受けることもありましょうし、光の化身である色の影響を受けることになるでしょう。

生命体には色の識別に固有の特性をもっています。

色を識別できない生命体から、ある色だけに反応する生命体まで、色が生命を活かすものとして、重要な関係になっています。

私たちの心身と色の関係も同様に、さまざまな色の中から、それぞれのＤＮＡ遺伝子にあった色が生命活動の続く限り作動し続けるのでしょう。

●幸福色を楽しく活かしてみましょう

幸福色は、あなたを守る最大の働きだと私は考えます。

ですから、多くの人に

幸福色の重要性を伝えているのです。

素直に信じて身に付ける人は、運気リズムが調整され、幸福な人生を築けるはずです。

色は、簡単に活用できる最高の運気調整の材料です。

まわりに色がたくさんありますから、楽しく使うこともできます。

●幸福色を生活やビジネスで活用する

幸福色をあらゆる場面で、徹底的に活用しましょう。

生活の場面だけでなく、ビジネスにおいても大きな効果があがります。

一にも二にも、あなたの使い方次第です。

《生活の現場での活用例》

・服装、ネクタイ、ハンカチ、手袋、バッグ
・小物、靴、イヤリング、ブレスレット、ネックレス、指輪
・家のインテリア、カーテン、ソファー、家具全般、食器
・家、車、絵画、花壇の花
・各種プレゼント、花束、各種文具、手帳、ペン

《ビジネス現場での活用例》

・名刺、会社のマーク、ポスター、チラシ、封筒
・商品、包装紙、業務用文書資料、相手へのプレゼント

《幸福色の使い方》

・使えば使うほど効果が高い
・毎日身につけると良い
・使う個数が多いほど効果が高い

●色についてまとめておきましょう

9	光　無色　金
8	紫
7	紺　藍
6	青
5	緑
4	黄　金
3	橙　オレンジ
2	赤　ピンク
1	光　無色　銀

八十一通りの情報

このデータブックでは、初めにご縁の人を紹介しています。

人間社会は人とのご縁で成り立っています。ご縁を人間関係と言ったり相性と言ったりします。

この人間関係がうまくいかなければ生きていくことが辛く思えます。

悩みの相談の大半が人間関係に関わることからしますと、いかに人間関係を円滑に豊かにしていくかが重要になってきます。

まず、男女、夫婦、親子、兄弟姉妹、職場、お客様、友人知人との出会いの意味を明らかにしましょう。

出会いというのはご縁という意味です。

ご縁には良し悪しがありません。

ご縁は天の計らい、人生に必要な人を天が遣わしたという考えです。

人生で出会うご縁の人はささやかなもの。

一か月に一人であっても一年では十二人。十年で百十二人です。人生の活動期を五十年としますと六百人という訳です。一般の人が祝い事に呼べる人はせいぜい二百人ほど。

このことを思いますと、出会いはあらかじめ予定されていることであって、偶然とは思えなくなります。

どういったご縁かを明らかにすることが心相科学技法の役割です。

このご縁の関係を知ることによって、ご縁をいただいた意図のすごさ、感謝する気持ちが生まれてくることでしょう。

●家族の情報からあなた自身の情報をみていってください

①ここではご縁の中でも、「奇跡の出会い」「まれにしか出会えない出会い」という意味で「特殊なご縁の人」を紹介します。

②次に、出会いのご縁の基本という意味で、基本数について紹介します。
この基本数は親子のご縁の流れやチームの組み方に役立つ技法です。

③家族において最大の関心事は、親子の関係です。
誰が親の面倒をみるか、誰が親の近くにいて一生を共に過ごすのかについてみていきましょう。

④社会生活の人間関係における個々の行動傾向パターンを知ることも有益です。多くのデータを分析しますと、人は無意識には記録された行動傾向のままに組織での役割を演じています。そしてその行動パターンがそのまま、社会においてどのように成功を収めるかの目安にもなります。
自分の行動傾向を知り、それを活かして行動する。これが一つの成功への方向性です。

⑤私たちの社会は人の共同体です。家族と同様に、人との出会いもご縁です。このご縁の意味を知るのが「八犬伝グループ」です。
一生を通じて出会っている人の多くがこの八犬伝グループに集まっているというデータがあります。今まで知らずに出会い別れていた関係を、これからは一生のご縁として大切にお付き合いください。

●あなたの行動傾向をみていきましょう

私たちの人生はテレビや映画のドラマに例えられます。
ドラマであればドラマには配役があります。
あなたの配役があなたの行動傾向であり性格です。

行動傾向とは、あなたに備わっている人より優れた面、他にない強み、この世に生まれたときに授かった宝物、この世での使命や役割、潜在的な能力の可能性、あなたのステキな面という意味です。

実は、自分の持っている要素を引き出していくことが自分が変わっていくことであり、ステキになることなのです。

●職業の傾向もみていきましょう

多くの占いでは、「あなたは弁護士に向いている」「あなたは接客業に向いている」という言い方で、人生の初めから運命として職業が決まっているかのような書き方がみられます。これはある意味では真理でありますが、ある意味では間違っています。

職業は、生まれた環境や育った時代、育った地域の影響を受けて後天的に選ばれたものです。医者の家で生まれると医者になり、経営者の家で生まれれば後を継いで経営者になる。サラリーマンの家庭はサラリーマンになるし、音楽家の家庭で生まれれば音楽家の道へ進む。

その意味では、占いの言い方は適切ではありません。

しかし、ＤＮＡ遺伝子に行動傾向の情報が入っているという意味では、職業は行動傾向との関係がありますので、行動傾向からある程度の予測ができます。

十年前のことですが、世間の人たちがインターネットをやり始めたころ、最前線で活躍している既婚の女性の会というのが作られて、その会員五十名ほどのデータを見させていただいたことがあります。

そこには職業や趣味や特技が記入されていましたが、驚くべきことに、彼女たちの経歴は彼女たちの心相数の行動傾向そのまま記されていました。

この意味では、心相数に刻まれた行動傾向がそのまま未来の職業への道ということが言えます。

最後に、それぞれの情報ごとにワンポイントアドバイスを書いておきました。

八十一通りの情報一覧

「パーソナルカラー」などの色は心理によって刻々と変化するものですので自分を守るラッキーカラーとしては何の役にも立ちません。単に人の心理が分かるだけです。

【自分を守るラッキーカラー】

左の色は一生を通じて変わらずに自分を守るラッキーカラーです。自分の運を高め、ものごとのルーティーンとして活用すると文字通り日々の生活で自分を守ってくれることになります。

【三つの色の使い方】

三つの色は共にあなたを守る役割を担っていますが、その中で最も強い色が一番目（上）の色です。一色だけ選ぶ場合は、この一番目を選び活用してください。ただ、理想を言えば日常のビジネスや生活で三色を使いこなすことがよいでしょう。身の周りのあらゆるもの（衣服や下着、持ち物、置物、カーテン、人へのプレゼント、会社の名刺、コーポレートカラーなど）にお使いになるとよいでしょう。

【あなたの人生の配役・役割・使命】

人生は自分を知ることから始まります。「自分を知る」とは自分のＤＮＡ遺伝子に刻まれた行動パターンを知るということです。自分の行動パターンを知って、それを活かしていくというのが他ならない人生成功の方法といえます。人にない強み、人より優れた面、人気ドラマの配役、この世に生まれた使命役割、潜在的能力の可能性など私たちを勇気づけるプラスの情報をここでは紹介します。

【あなたの職業適性】

DNA 遺伝子に刻まれた情報は、そのまま人間としての行動傾向の方向性にもなります。潜在的に秘められた傾向でもありますから、これをいかに引き出していくかが求められます。自分の行動パターンを活かして進む職業や仕事の適性が最も心地よい人生といえます。ただ、その際の注意点は、職業の決定は、第一はあなたの意見にあります。あなたが進みたい分野へ進むのが選択です。その分野でどういう人になるかが傾向・適性です。

【ワンポイント　アドバイス】

あなたのよい面を引き出すための「一言」です。この一言を念頭に入れて行動しますと、今のあなたがさらに素敵なあなたへとステージが上っていきます。

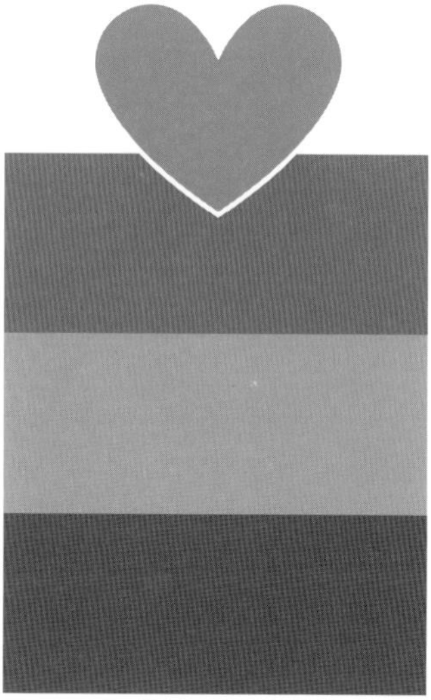

257の人

赤・ピンク
緑
紺・藍色

【あなたの人生の配役・役割・使命】

いろいろな面を持っていて、なかなかわかりにくい人です。友達の評価も十名いれば十通りのとらえ方があります。人に指図されることが嫌。逆に人から褒められ、評価されると人一倍喜びます。独立心旺盛な人で、何事も自分でやってみないと納得しない。体験から学ぶ人で、周りの助言には耳を貸しません。気配り上手の反面ときどき気疲れしてしまう場合があります。感性が豊かで芸術的センスがある反面、気分にムラがあり感情の起伏が激しいところがあります。頑固な面があり、人の好き嫌いもハッキリしています。

【あなたの職業適正】

人に使われることや人と同じことをやるのが嫌いなために独立心があります。ビジネスなどは、拡大志向で、どうせやるなら大きくしようとします。人に指図されるのが嫌いなため、人の上に立つ職業か人を使う職業に向いています。また、感性が豊かで芸術的センスもありますが、それを活かして自分のペースで出来る職業に向いています。組織の中ではリーダーになりたがります。バランスよくいろいろな才能を持った人なので比較的どんな職業にも適しています。磨けば文章能力抜群な人です。

【あなたが輝くワンポイントアドバイス】

いろいろな能力を秘めた現実主義者のあなたです。あなたの関心事は一にも二にも、今この瞬間をどう楽しむかということにあります。人生は一度きりだということを知りますと、あなたの生き方はなかなかのものです。このままの気持ちで頑張りましょう。

〈あなたの知りたい情報〉

心相数	基本数	ポジション数	運気数
369	369	1	3

〈あなたの特別の運命の人〉　三千年の旅をして出逢った人

1	合計して999になる人	639
2	同じ数の人	369
3	並び換えの人	639
4	受胎数・運気数グループ 9名	369 281 112 933 854 775 696 527 448

〈相性判定の基本数グループ〉　親子の流れ、恋人夫婦間、様々な相性の良い関係のグループ

基本数が同じ 369 639	123 156 189 426 459 483 729 753 786 639 213 516 819 246 549 843 279 573 876 369

〈あなたの親子の関係は〉

第一グループ	親を継ぐ数字、親との関係が深く親の面倒をみる役割。 親にみられる場合もあり、長男長女で生まれやすい。

〈組織での動きや仕事傾向〉

第一グループ	組織を大きくする能力、拡大志向。 マネジメント能力があり、組織の中で力を発揮する。

＜八犬伝グループ＞ 一生を支える支援関係、仕事などで出逢いやすい関係
中心から八方向に伸びる塗つぶした枠の中の数字の人たちが、あなたを助け、あなたが助けるという役目をもった支援関係の人たち

外八犬伝				外八犬伝				外八犬伝
	中八犬伝			中八犬伝			中八犬伝	
		中八犬伝		中八犬伝		中八犬伝		
			内八犬伝	内八犬伝	内八犬伝			
外八犬伝	中八犬伝	中八犬伝	内八犬伝	本　人	内八犬伝	中八犬伝	中八犬伝	外八犬伝
			内八犬伝	内八犬伝	内八犬伝			
		中八犬伝		中八犬伝		中八犬伝		
	中八犬伝			中八犬伝			中八犬伝	
外八犬伝				外八犬伝				外八犬伝

＜あなたの知りたい情報＞

① 心相数＝誕生日から算出した 81 通りの情報
② 基本数＝相性判定の基になる数のグループ。家族の流れやチームの組み方がわかる。「369･639」「933･966」「393･696」「336･663」の４パターンがあります。
③ ポジション数＝親子の関係、家の継ぎ方、組織での動き方がわかる。3パターンに分類。
④ 運気数＝９年サイクルの上昇、下降の運気の流れ、位置がわかる。

＜あなたの特別の運命の人＞ 三千年の旅をして出逢った人

数千年の旅をして出逢った関係を特別の運命の人と呼びます。
1　合計して 999 になる人＝二人の心相数を足して 999 になる関係。最も深いご縁の人。
2　同じ数の人＝考え方、行動傾向が似ていて、いろいろな場面のパートナーに最適です。
3　並び換えの人＝タイプは違うものの深いご縁で結ばれた関係。
4　受胎数の人＝お腹に宿した時に関係する数を受胎数といいます。あなたの周りで運命に関する関係として登場し一生を支えます。

＜相性判定の基本数グループ＞ 親子の流れ、恋人・夫婦間、様々な相性の良い関係のグループ

相性判定の基本となるのが「基本数」です。基本的には「369･639」「933･966」「393･696」「336･663」の４パターンがあります。

＜あなたと親子の関係は＞

兄弟姉妹の中で誰が親の面倒をみる役割を担っているのかを知る技法です。81 通りの心相数を三つのパターン（第一グループ、第二グループ、第三グループ）に分類して、その役割を判定します。第一グループは親の面倒をみる。第二グループはピンチヒッターの役、第三グループは親元を離れ用事のあるときに戻ってくる関係です。

＜組織での動きや仕事傾向＞

人は社会的動物と言われ、社会の組織の中で役割を演じて生きることを余儀なくされています。組織での動き方は三つのパターンに分類できます。
第一グループ（組織を拡大する人）、第二グループ（調整役）、第三グループ（組織に拘らず動く人）、この三つのどのタイプか知ることが自分の役割を知る方法になります。

＜八犬伝グループ＞ 一生を支える支援関係、仕事などで出逢いやすい関係

自分を中心とし放射線（八方向）上にある関係の人です。長い一生を支えあう関係です。ビジネスをはじめとする人間関係は長い間にこのグループの人が集まりやすく、中心の周りの八名が自分と行動関係が似かよった内八犬伝グループ、一番外枠は性格が正反対の外八犬伝グループ、中八犬伝グループは外と内の両方の性格を持っています。

〈あなたの知りたい情報〉

心相数	基本数	ポジション数	運気数
112	663	3	3

〈あなたの特別の運命の人〉　三千年の旅をして出逢った人

1	合計して999になる人	887
2	同じ数の人	112
3	並び換えの人	112
4	受胎数・運気数グループ 9名	112 281 369 448 527 696 775 854 933

〈相性判定の基本数グループ〉　親子の流れ、恋人夫婦間、様々な相性の良い関係のグループ

基本数が同じ 336 663	224 257 281 527 551 584 821 854 887 336 112 145 178 415 448 472 718 742 775 663

〈あなたの親子の関係は〉

第三グループ	親を愛していないわけではないのですが、親元を離れていく傾向が強く、用事のあるときだけ帰ります。

〈組織での動きや仕事傾向〉

第三グループ	組織に拘らない、執着もうすい。納得のいく仕事がテーマ。人と同じにみられるのが嫌いで、開拓者精神旺盛。

<八犬伝グループ> 一生を支える支援関係、仕事などで出逢いやすい関係

中心から八方向に伸びる塗つぶした枠の中の数字の人たちが、あなたを助け、あなたが助けるという役目をもった支援関係の人たち

562	663	764	865	966	167	268	369	461
573	674	775	876	977	178	279	371	472
584	685	786	887	988	189	281	382	483
595	696	797	898	999	191	292	393	494
617	718	819	911	**112**	213	314	415	516
628	729	821	922	123	224	325	426	527
639	731	832	933	134	235	336	437	538
641	742	843	944	145	246	347	448	549
652	753	854	955	156	257	358	459	551

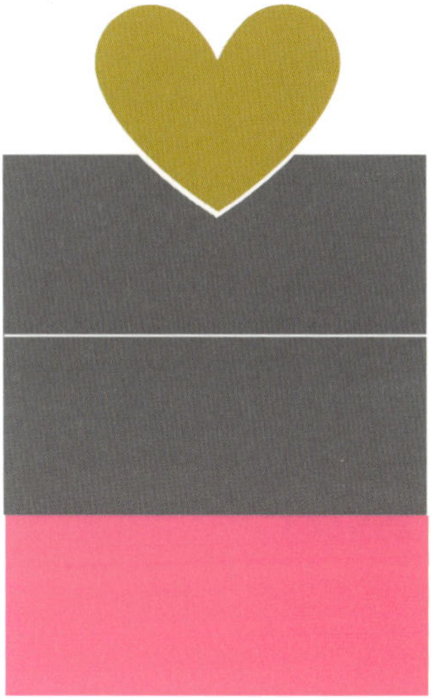

112の人

銀
銀
赤・ピンク

【あなたの人生の配役・役割・使命】

あなたは、目標の人。目標があるときのパワーは、人一倍強く、周りの人も感心するほどです。逆に、目標が見つからないときや達成してしまったときには、途端にやる気を失って意気消沈してしまいます。良い目標に出会うと活き活きとして能力を発揮する人です。また感性が豊かで、創造力に優れ、芸術的センスも抜群です。人から指示をされたり、抑え付けられたりするのが嫌で、どちらかというと自分のペースでやりたがる人です。開拓者精神に満ち溢れ独立心が旺盛です。人と違うことをやりたがります。人間関係は、ベッタリというのは、得意ではありません。自分のペースを大切にします。

【あなたの職業適性】

独立心旺盛で人に使われるというよりは独立してやることが好きです。また、人に使われる場合でも、自分の役割を認めてくれるようなポジションを好みます。感性が豊かで芸術的なセンスがあり、アイデアも抜群にあるので、組織においてはいろいろと提案をし、実行に移す能力を持っています。いつも目標が必要なので自分で目標を作れる職業や立場が良いようです。人間関係は、ベッタリするのは得意ではないので、客商売など人と接触する最前線の職業は、ストレスが溜まりやすいタイプです。

【あなたが輝くワンポイントアドバイス】

あなたは目標が必要な人です。良い目標が見つかった時のパワーは誰にも負けません。目標がなくなってしまったときこそ、あなたの生き方が問われます。次の目標が見つかるまで焦らずに待っていましょう。

〈あなたの知りたい情報〉

心相数	基本数	ポジション数	運気数
123	639	1	4

〈あなたの特別の運命の人〉 三千年の旅をして出逢った人

1	合計して999になる人	876
2	同じ数の人	123
3	並び換えの人	213
4	受胎数・運気数グループ 9名	123 292 371 459 538 617 786 865 944

〈相性判定の基本数グループ〉 親子の流れ、恋人夫婦間、様々な相性の良い関係のグループ

基本数が同じ 369 639	213 246 279 516 549 573 819 843 876 369 123 156 189 426 459 483 729 753 786 639

〈あなたの親子の関係は〉

第一グループ	親を継ぐ数字、親との関係が深く親の面倒をみる役割 親にみられる場合もあり、長男長女で生まれやすい。

〈組織での動きや仕事傾向〉

第一グループ	組織を大きくする能力、拡大志向。 マネジメント能力がある。組織の中で力を発揮する。

<八犬伝グループ> 一生を支える支援関係、仕事などで出逢いやすい関係

中心から八方向に伸びる塗つぶした枠の中の数字の人たちが、あなたを助け、あなたが助けるという役目をもった支援関係の人たち

573	674	775	876	977	178	279	371	472
584	685	786	887	988	189	281	382	483
595	696	797	898	999	191	292	393	494
617	718	819	911	112	213	314	415	516
628	729	821	922	**123**	224	325	426	527
639	731	832	933	134	235	336	437	538
641	742	843	944	145	246	347	448	549
652	753	854	955	156	257	358	459	551
663	764	865	966	167	268	369	461	562

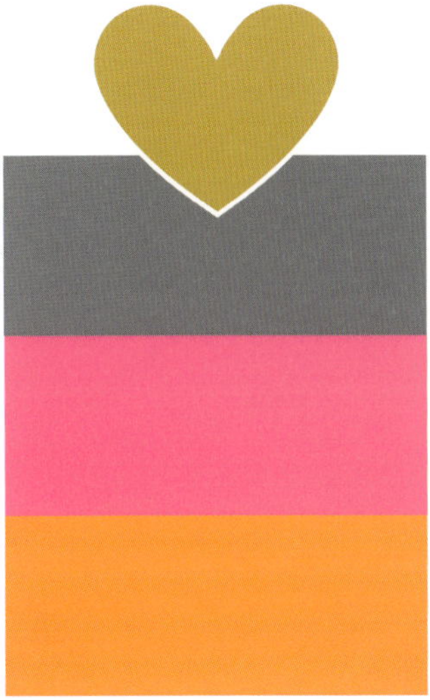

123の人

銀
赤・ピンク
オレンジ

【あなたの人生の配役・役割・使命】
優れて感性の豊かな人です。芸術的センスはなかなかのもので幼い頃から絵画や音楽に遺憾なく能力を発揮しています。アイデアにも優れ、仕事や毎日の生活でも次から次へと良いアイデアが浮かんできて役に立っています。自他共に認めるアイデアマンです。新しいことに大変興味関心が強く、時代の最先端の情報にも敏感に反応します。ビジネスでもいろいろと新しいネタを探す能力に優れています。変化を楽しむ人で同じことだけをするのが嫌いです。できればいつも変化している方が好きなタイプです。また、目標の人で、一度やり始めると徹底してやるといった集中力があります。

【あなたの職業適性】
感性が豊かで、芸術的センスも抜群です。アイデアマンで、プランニング能力にも優れているので、それを活かす道が良いでしょう。目標の人ですので自分で主体的に目標を持てる立場が良いでしょう。自分のペースで行動する人ですから、相手に合わせた接客業などには向いていません。人を相手にする職業だとストレスが溜まりやすくなります。
芸術家、研究者、起業家に向いています。

【あなたが輝くワンポイントアドバイス】
自分のペースを大切にする人ですので、無理して友人の和を広げることはやめましょう。アイデアマンですから自分の能力に磨きを掛ける方が、もっとあなたが輝いて見えます。

〈あなたの知りたい情報〉

心相数	基本数	ポジション数	運気数
134	696	2	5

〈あなたの特別の運命の人〉 三千年の旅をして出逢った人

1	合計して999になる人	865
2	同じ数の人	134
3	並び換えの人	314
4	受胎数・運気数グループ 9名	134 213 382 461 549 628 797 876 955

〈相性判定の基本数グループ〉 親子の流れ、恋人夫婦間、様々な相性の良い関係のグループ

基本数が同じ 393 696	235 268 292 538 562 595 832 865 898 393 134 167 191 437 461 494 731 764 797 696

〈あなたの親子の関係は〉

第二グループ	ピンチヒッター役で、誰も親の面倒をみる人がいないと役割がまわってきます。

〈組織での動きや仕事傾向〉

第二グループ	二番手が向いている。一番手になろうとすると辛い。 番頭役や調整役に適している。

＜八犬伝グループ＞一生を支える支援関係、仕事などで出逢いやすい関係

中心から八方向に伸びる塗つぶした枠の中の数字の人たちが、あなたを助け、あなたが助けるという役目をもった支援関係の人たち

584	685	786	887	988	189	281	382	483
595	696	797	898	999	191	292	393	494
617	718	819	911	112	213	314	415	516
628	729	821	922	123	224	325	426	527
639	731	832	933	**134**	235	336	437	538
641	742	843	944	145	246	347	448	549
652	753	854	955	156	257	358	459	551
663	764	865	966	167	268	369	461	562
674	775	876	977	178	279	371	472	573

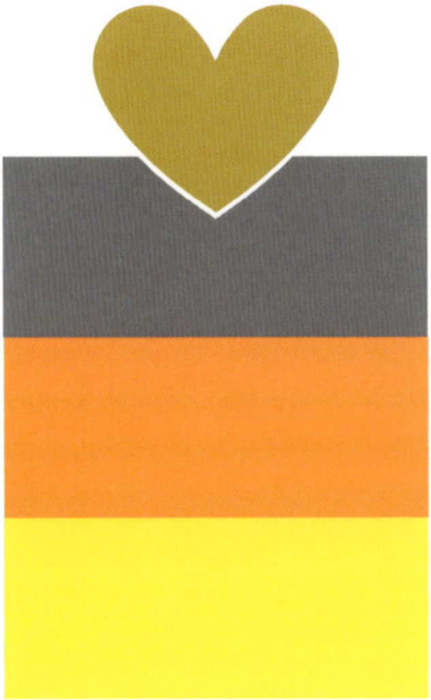

134の人

銀
オレンジ
黄

【あなたの人生の配役・役割・使命】

典型的に感性が豊かで芸術的なセンスを持った人です。多くの芸術的な分野で名を成している人が多い。また、芸術的な仕事とは関係のない職業に付いている人でも意外と感性の豊かさが発揮されています。アイデアにも優れてプランニング能力も抜群です。事業などに関しても優れた発想と行動力を持っています。実行力も旺盛で閃いたら、じっとしていれず、即行動に移したがります。目標のあるときのあなたは活き活きとして、そのパワーにあふれています。人が好きで、人情家、感動的な場面では人一倍涙もろくなります。

【あなたの職業適性】

芸術的な分野か事業家のいずれかで能力を発揮する人です。感性が豊かで芸術的センスが抜群ですので感性を活かす創造的分野で能力を発揮します。芸術家一般、画家や音楽家、美の仕事に関わる職業が向いています。また、プランナー、デザイナー、イラストレーターなども向いています。新しいことが好きで、時代の動きを敏感にキャッチする能力があるため、コンピューターなど最前線の仕事についている人も多く存在します。目標に向かって突き進むバイタリティーは成功する事業家としての特長です。

【あなたが輝くワンポイントアドバイス】

あなたが悩み、やる気を喪失しているときは、決まって目標がなくなった時です。しかし、心配要りません。目標というのは勝手に向こうからチャンスとなって現れるものです。それまでは、次の準備の期間ですから、目標が現れるまで楽しみに待っていましょう。

〈あなたの知りたい情報〉

心相数	基本数	ポジション数	運気数
145	663	3	6

〈あなたの特別の運命の人〉　三千年の旅をして出逢った人

1	合計して999になる人	854
2	同じ数の人	145
3	並び換えの人	415
4	受胎数・運気数グループ 9名	145 224 393 472 551 639 718 887 966

〈相性判定の基本数グループ〉　親子の流れ、恋人夫婦間、様々な相性の良い関係のグループ

基本数が同じ 336 663	224 257 281 527 551 584 821 854 887 336 112 145 178 415 448 472 718 742 775 663

〈あなたの親子の関係は〉

第三グループ	親を愛していないわけではないのですが、親元を離れていく傾向が強く、用事のあるときだけ帰ります。

〈組織での動きや仕事傾向〉

第三グループ	組織に拘らない、執着もうすい。納得のいく仕事がテーマ。人と同じにみられるのが嫌いで、開拓者精神旺盛。

＜八犬伝グループ＞一生を支える支援関係、仕事などで出逢いやすい関係

中心から八方向に伸びる塗つぶした枠の中の数字の人たちが、あなたを助け、あなたが助けるという役目をもった支援関係の人たち

595	696	797	898	999	191	292	393	494
617	718	819	911	112	213	314	415	516
628	729	821	922	123	224	325	426	527
639	731	832	933	134	235	336	437	538
641	742	843	944	**145**	246	347	448	549
652	753	854	955	156	257	358	459	551
663	764	865	966	167	268	369	461	562
674	775	876	977	178	279	371	472	573
685	786	887	988	189	281	382	483	584

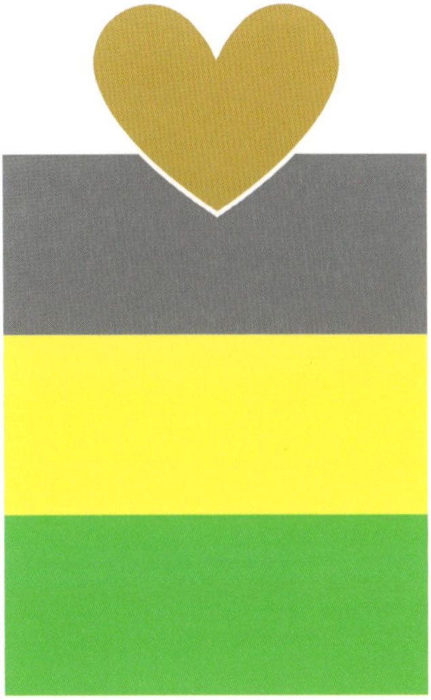

145の人

銀
黄
緑

【あなたの人生の配役・役割・使命】
目標があると一途に達成しようとする人。良い目標を持つと能力を発揮する人で秘めたパワーは誰にも負けません。直感や閃きに優れていて行動力にあふれています。また、繊細な感性の持ち主で、いつも美しいものに魅かれるあなたです。芸術的な美に対するセンスに優れ、アイデアや創造力はなかなかなものがあります。人が大好きで人の縁で人生のチャンスを掴む人です。親分肌のところがあり後輩や周りのものから慕われると嬉しくなります。人一倍涙もろい人情家でもあり、周りの人の面倒を良く看ます。話が好きで夢を語るのが大好きです。開拓者精神旺盛で、組織に縛られることを嫌います。

【あなたの職業適正】
美に関わる創造的な職業やアイデアを必要とする職業に能力を発揮します。人との関係を大切にする人なので、人と接触する分野で感性を活かす道に向いています。行動的で人が大好きで、尚且つ、話術も達者な人が多い。プランナーやコーディネーター、プロデューサーとしても能力を発揮します。独立心旺盛の人ですから、自分のペースで出来る職業や立場の方が楽です。また、開拓者精神旺盛なので、人と違う職業を求める傾向があります。

【あなたが輝くワンポイントアドバイス】
いつも目標が必要な人。良い目標に出会うには、人間関係を大切にすることです。あなたの性格は、誰にでも好かれる性格です。付き合いが広ければそれだけチャンスも広がります。自分を信じ、人を信ずることです。どうぞ、自信をもって、頑張ってください。

〈あなたの知りたい情報〉

心相数	基本数	ポジション数	運気数
156	639	2	7

〈あなたの特別の運命の人〉 三千年の旅をして出逢った人

1	合計して999になる人	843
2	同じ数の人	156
3	並び換えの人	516
4	受胎数・運気数グループ 9名	156 235 314 483 562 641 729 898 977

〈相性判定の基本数グループ〉 親子の流れ、恋人夫婦間、様々な相性の良い関係のグループ

基本数が同じ 369 639	213 246 279 516 549 573 819 843 876 369 123 156 189 426 459 483 729 753 786 639

〈あなたの親子の関係は〉

第二グループ	ピンチヒッター役で、誰も親の面倒をみる人がいないと役割がまわってきます。

〈組織での動きや仕事傾向〉

第二グループ	二番手が向いている。一番手になろうとすると辛い。 番頭役や調整役に適している。

＜八犬伝グループ＞ 一生を支える支援関係、仕事などで出逢いやすい関係

中心から八方向に伸びる塗つぶした枠の中の数字の人たちが、あなたを助け、あなたが助けるという役目をもった支援関係の人たち

617	718	819	911	112	213	314	415	516
628	729	821	922	123	224	325	426	527
639	731	832	933	134	235	336	437	538
641	742	843	944	145	246	347	448	549
652	753	854	955	**156**	257	358	459	551
663	764	865	966	167	268	369	461	562
674	775	876	977	178	279	371	472	573
685	786	887	988	189	281	382	483	584
696	797	898	999	191	292	393	494	595

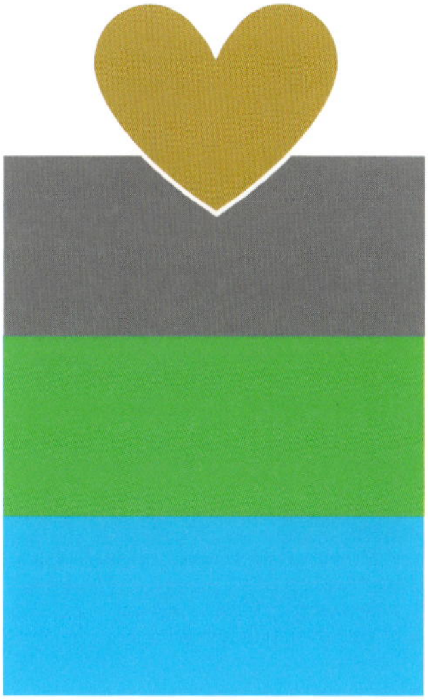

156の人

銀 緑 青

【あなたの人生の配役・役割・使命】

人生にいつも目標を必要としているあなたです。目標があるときのあなたは自信に満ち溢れ、心身共に充実し輝いています。ところが一転、目標がなくなると途端に弱気になり、意気消沈してしまいます。生きがいに繋がる良い目標に出会うことがあなたの人生のテーマです。また、あなたは人が好きで、人の縁によって人生のチャンスを切り開く人です。人間関係が上手く行っていると自信が出てくる反面、何かトラブルとしばらく悩むことになります。感性が豊かで、芸術の分野に関心が深く、美的センスも抜群にあります。潔癖性で徹底する傾向があります。決めたことに対しては結構、頑固な面もあります。

【あなたの職業適正】

自分の目標を見つけて、そこに向かって一途に努力する人なので、資格取得などに向いています。また、感性も豊かで芸術的センスもあるので、それを活かす道を選ぶと意外に成功を収めます。人と係わり合いがあり、人から喜ばれる職業で能力を発揮します。好きな分野での接客業なら上手く行きます。組織や人とのかかわりでは、一番より二番手で調整役が向いています。

【あなたが輝くワンポイントアドバイス】

潔癖性のようなところがあり、何事も一途に考えるあなたです。人生は、悩んでも悩まなくても時間に流されて進むものです。人生はいろいろなことが起こるものですが、そんな時、「人生は何でもあり」と認めてしまうと、意外に精神的に楽になります。

〈あなたの知りたい情報〉

心相数	基本数	ポジション数	運気数
167	696	1	8

〈あなたの特別の運命の人〉　三千年の旅をして出逢った人

1	合計して999になる人	832
2	同じ数の人	167
3	並び換えの人	617
4	受胎数・運気数グループ 9名	167 246 325 494 573 652 731 819 988

〈相性判定の基本数グループ〉　親子の流れ、恋人夫婦間、様々な相性の良い関係のグループ

基本数が同じ 393 696	235 268 292 538 562 595 832 865 898 393 134 167 191 437 461 494 731 764 797 696

〈あなたの親子の関係は〉

第一グループ	親を継ぐ数字。親との関係が深く親の面倒をみる役割。 親にみられる場合もあり、長男長女で生まれやすい。

〈組織での動きや仕事傾向〉

第一グループ	組織を大きくする能力、拡大志向。 マネジメント能力がある。組織の中で力を発揮する。

<八犬伝グループ> 一生を支える支援関係、仕事などで出逢いやすい関係

中心から八方向に伸びる塗つぶした枠の中の数字の人たちが、あなたを助け、あなたが助けるという役目をもった支援関係の人たち

628	729	821	922	123	224	325	426	527
639	731	832	933	134	235	336	437	538
641	742	843	944	145	246	347	448	549
652	753	854	955	156	257	358	459	551
663	764	865	966	**167**	268	369	461	562
674	775	876	977	178	279	371	472	573
685	786	887	988	189	281	382	483	584
696	797	898	999	191	292	393	494	595
718	819	911	112	213	314	415	516	617

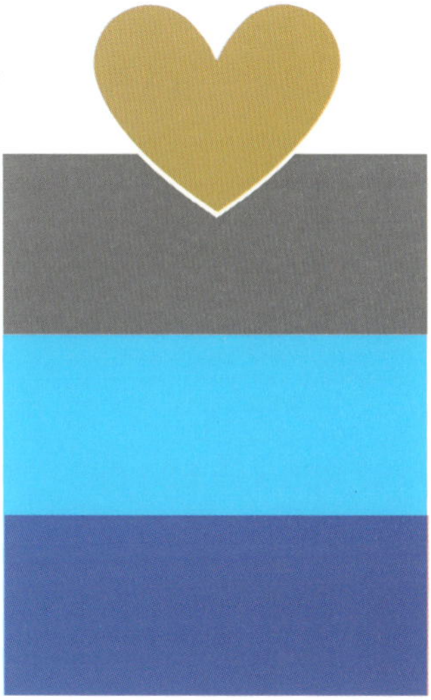

167の人

銀
青
紺・藍色

【あなたの人生の配役・役割・使命】

人生や仕事の目標がハッキリしていると活き活きして輝いているあなた。目標があるときのパワーは人一倍強い人です。目標が見当たらない場合が一番不安です。また、人が好きでいつも周りに友人知人が多く居ます。人からチャンスを頂いて、成功する人。あなた自身も人のコーディネートが得意で、周りの人もあなたを頼りにしています。情報通で友人はあなたに聞けばなんでも解るという程です。人から相談ごとを持ちかけられ易すく、トラブル処理の能力もあります。また、趣味や仕事でも納得いくまで諦めないといった信念もあります。責任感も強く、感性も豊かで芸術的センスも抜群です。

【あなたの職業適正】

目標志向のあなたです。いつも自分が情熱を傾けられる目標を求めています。感性が豊かで、芸術的センスも抜群にあるので、それを活かせる分野が見つかると一途に追い求めて行きます。音に敏感な人が多く、音楽の分野で名を成す人も多く居ます。人が好きで人と共同してやる分野に向いています。人のコーディネートやプロデュースする分野で能力を発揮します。組織の中で人をまとめてリーダーになる道にも適しています。

【あなたが輝くワンポイントアドバイス】

あなたの本当の安らぎは、人との関係が上手く行ったときです。人生の目標も人に関わるものが良いでしょう。目標に向かって、心の支えは、愛する人を含めて、周りの人からの心からの支援です。どうぞ、あなたを見守っている人との付き合いを大切にしてください。

〈あなたの知りたい情報〉

心相数	基本数	ポジション数	運気数
178	663	3	9

〈あなたの特別の運命の人〉 三千年の旅をして出逢った人

1	合計して999になる人	821
2	同じ数の人	178
3	並び換えの人	718
4	受胎数・運気数グループ 9名	178 257 336 415 584 663 742 821 999

〈相性判定の基本数グループ〉 親子の流れ、恋人夫婦間、様々な相性の良い関係のグループ

基本数が同じ 336 663	224 257 281 527 551 584 821 854 887 336 112 145 178 415 448 472 718 742 775 663

〈あなたの親子の関係は〉

第三グループ	親を愛していないわけではないのですが、親元を離れていく傾向が強く、用事のあるときだけ帰ります。

〈組織での動きや仕事傾向〉

第三グループ	組織に拘らない、執着もうすい。納得のいく仕事がテーマ。人と同じにみられるのが嫌いで、開拓者精神旺盛。

<八犬伝グループ> 一生を支える支援関係、仕事などで出逢いやすい関係

中心から八方向に伸びる塗つぶした枠の中の数字の人たちが、あなたを助け、あなたが助けるという役目をもった支援関係の人たち

639	731	832	933	134	235	336	437	538
641	742	843	944	145	246	347	448	549
652	753	854	955	156	257	358	459	551
663	764	865	966	167	268	369	461	562
674	775	876	977	**178**	279	371	472	573
685	786	887	988	189	281	382	483	584
696	797	898	999	191	292	393	494	595
718	819	911	112	213	314	415	516	617
729	821	922	123	224	325	426	527	628

178の人

銀
紺・藍色
紫

【あなたの人生の配役・役割・使命】

目標の人で、生活の中にいつも目標が必要な人です。一つ目標をクリアしては次の目標へという風に、大きい小さいは別にして、いつも何らかの目標をもっている。目標に向かっているときのあなたは、活きいきして輝いています。趣味でも仕事でもやるといったらやるで、あきらめない強さがあります。また、優れた感性の持ち主で芸術的なセンスが抜群にある人です。家庭や仕事では、自分を必要とする役割や期待されると人一倍頑張る人です。開拓者精神が旺盛な人で、人がやらないことに関心があります。

【あなたの職業適正】

地道ながら自分の世界を着実に実現する人で、どんな職業にでも適応できます。感性が豊かで芸術的センスもあるので、それを活かせる職業につくと能力を発揮します。外見の穏やかさに似合わず、話し好きな人が多いので、人に伝える指導的な役割の職業にも適しています。人と同じことをやるのは嫌で、自分の世界を作りたがります。あまり組織的に動くのは得意ではなく、自分のペースで仕事をしたがります。建築や音楽や演劇など芸術一般、教育分野が向いています。

【あなたが輝くワンポイントアドバイス】

いつも何かを追い求めているあなたです。不安になるときは、自分自身を信じ、あなたを育んでくれた多くの人達のことを信ずることです。あなたを愛している人達のことを考えるだけで生きる勇気が湧いて来るはずです。心を開いて受け容れさえすれば良いのです。

〈あなたの知りたい情報〉

心相数	基本数	ポジション数	運気数
189	639	3	1

〈あなたの特別の運命の人〉　三千年の旅をして出逢った人

1	合計して999になる人	819
2	同じ数の人	189
3	並び換えの人	819
4	受胎数・運気数グループ 9名	189 268 347 426 595 674 753 832 911

〈相性判定の基本数グループ〉　親子の流れ、恋人夫婦間、様々な相性の良い関係のグループ

基本数が同じ 369 639	213 246 279 516 549 573 819 843 876 369 123 156 189 426 459 483 729 753 786 639

〈あなたの親子の関係は〉

第三グループ	親を愛していないわけではないのですが、親元を離れていく傾向が強く、用事のあるときだけ帰ります。

〈組織での動きや仕事傾向〉

第三グループ	組織に拘らない、執着もうすい。納得のいく仕事がテーマ。人と同じにみられるのが嫌いで、開拓者精神旺盛。

<八犬伝グループ> 一生を支える支援関係、仕事などで出逢いやすい関係

中心から八方向に伸びる塗つぶした枠の中の数字の人たちが、あなたを助け、あなたが助けるという役目をもった支援関係の人たち

641	742	843	944	145	246	347	448	549
652	753	854	955	156	257	358	459	551
663	764	865	966	167	268	369	461	562
674	775	876	977	178	279	371	472	573
685	786	887	988	**189**	281	382	483	584
696	797	898	999	191	292	393	494	595
718	819	911	112	213	314	415	516	617
729	821	922	123	224	325	426	527	628
731	832	933	134	235	336	437	538	639

189の人

銀
紫
金・黄

【あなたの人生の配役・役割・使命】
いつも目標を必要とするあなた。目標はあなたのやる気の素です。小さいときから、いつも自分なりの目標を揚げて頑張って来たはずです。目標があるとあなたは充実していて、輝いて見えます。また、感性が豊かで芸術的なセンスが抜群。皆から期待され、何か役割を与えられると頑張る人です。人から無視されるのが一番辛い。何事も受け容れる柔軟さを持っているので、人から頼み事をされると断れずに引き受けてしまい後で悩んでしまう場合が多い。組織にはこだわらず、自分が納得行く仕事や生き方をしたいと思っています。

【あなたの職業適正】
芸術的センスがあり感性が豊かな人ですので感性を活かせる職業に適しています。トータルビューティーに関わる化粧、美容、ネイル、服飾小物、アクセサリーなど美を創造し演出する分野で成功します。また、頭の賢い人ですので、意外に人にアドバイスをする職業にも向いています。人をまとめる立場よりは、独立して自分のペースで出来る職業を選ぶ傾向があります。ベッタリするのは得意ではないため、接客業などには向いていません。

【ワンポイントアドバイス】
自分の夢や生き方を大切にするあまり、自分の世界に閉じこもりがちなあなたです。少しだけ、周りの人との付き合いに積極的になるだけで、人生が変わります。
あなたの心に自信が芽生えたときが、同時にあなたが輝いて見えるときです。
人を信じてみましょう。

〈あなたの知りたい情報〉

心相数	基本数	ポジション数	運気数
191	696	3	2

〈あなたの特別の運命の人〉　三千年の旅をして出逢った人

1	合計して999になる人	898
2	同じ数の人	191
3	並び換えの人	911
4	受胎数・運気数グループ 9名	191 279 358 437 516 685 764 843 922

〈相性判定の基本数グループ〉　親子の流れ、恋人夫婦間、様々な相性の良い関係のグループ

基本数が同じ 393 696	235 268 292 538 562 595 832 865 898 393 134 167 191 437 461 494 731 764 797 696

〈あなたの親子の関係は〉

第三グループ	親を愛していないわけではないのですが、親元を離れていく傾向が強く、用事のあるときだけ帰ります。

〈組織での動きや仕事傾向〉

第三グループ	組織に拘らない、執着もうすい。納得のいく仕事がテーマ。人と同じにみられるのが嫌いで、開拓者精神旺盛。

＜八犬伝グループ＞ 一生を支える支援関係、仕事などで出逢いやすい関係

中心から八方向に伸びる塗つぶした枠の中の数字の人たちが、あなたを助け、あなたが助けるという役目をもった支援関係の人たち

652	753	854	955	156	257	358	459	551
663	764	865	966	167	268	369	461	562
674	775	876	977	178	279	371	472	573
685	786	887	988	189	281	382	483	584
696	797	898	999	**191**	292	393	494	595
718	819	911	112	213	314	415	516	617
729	821	922	123	224	325	426	527	628
731	832	933	134	235	336	437	538	639
742	843	944	145	246	347	448	549	641

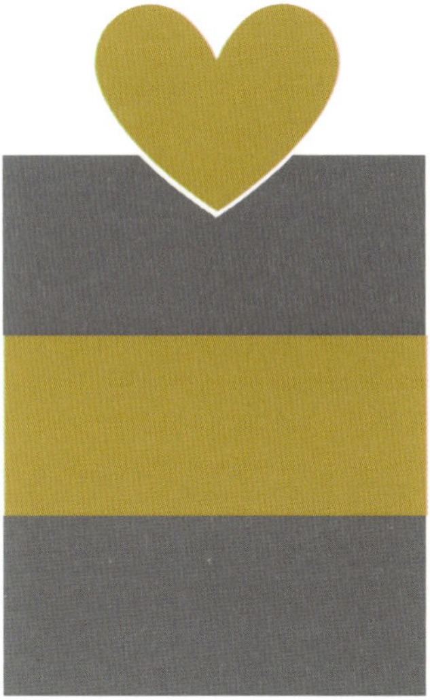

191の人

銀
金・黄
銀

【あなたの人生の配役・役割・使命】
いろいろな分野で名を成す人が多い。開拓者精神旺盛で目標に向かって、突き進むパワーは、誰にも負けない人です。人に使われていることはあまり好きではなく、自分のペースで何事もやりたがる傾向があります。人と同じことをするのが嫌いでいつも自分の世界を追い求めています。組織や規模には、あまりこだわらず自分の納得いく仕事をしたいと思っています。新しい世界に目が向くと意外とあっさり次の世界へ羽ばたける人です。目標が必要な人で、目標があるときのあなたは充実し輝いて見えます。感性が豊かで、芸術的センスも抜群。

【あなたの職業適正】
行動力があり開拓者精神も旺盛な人です。いろいろな分野で自分の世界を築く人です。人に使われるのが嫌いなため自分のペースで出来る職業を選ぶ傾向があります。一流の営業マンの割には意外とマネジメントが苦手な人です。人に気配りする職業よりは自分のペースでできる道に向いています。組織的に動くことは得意ではなく執着もしませんので、人と協調しながら自分の地歩を築く職場には向いていません。感性が豊かな人で、芸術方面にも能力を発揮します。美に関わる職業も向いています。

【あなたが輝くワンポイントアドバイス】
良い目標を見つけるには、一にも二にも人間関係です。人付き合いは、どんなときでも相手に対する思いやりが必要です。あなたがこうして欲しいことを相手にもしてあげるだけで、人との信頼は深まるものです。一度しかない人生、出会う人が財産です。

〈あなたの知りたい情報〉

心相数	基本数	ポジション数	運気数
213	369	3	5

〈あなたの特別の運命の人〉 三千年の旅をして出逢った人

1	合計して999になる人	786
2	同じ数の人	213
3	並び換えの人	123
4	受胎数・運気数グループ 9名	134 213 382 461 549 628 797 876 955

〈相性判定の基本数グループ〉 親子の流れ、恋人夫婦間、様々な相性の良い関係のグループ

基本数が同じ 639 369	123 156 189 426 459 483 729 753 786 639 213 246 279 516 549 573 819 843 876 369

〈あなたの親子の関係は〉

第三グループ	親を愛していないわけではないのですが、親元を離れていく傾向が強く、用事のあるときだけ帰ります。

〈組織での動きや仕事傾向〉

第三グループ	組織に拘らない、執着もうすい。納得のいく仕事がテーマ。人と同じにみられるのが嫌いで、開拓者精神旺盛。

＜八犬伝グループ＞ 一生を支える支援関係、仕事などで出逢いやすい関係

中心から八方向に伸びる塗つぶした枠の中の数字の人たちが、あなたを助け、あなたが助けるという役目をもった支援関係の人たち

663	764	865	966	**167**	268	369	461	**562**
674	**775**	876	977	**178**	279	371	**472**	573
685	786	**887**	988	**189**	281	**382**	483	584
696	797	898	**999**	**191**	**292**	393	494	595
718	**819**	**911**	**112**	**213**	**314**	**415**	**516**	**617**
729	821	922	**123**	**224**	**325**	426	527	628
731	832	**933**	134	**235**	336	**437**	538	639
742	**843**	944	145	**246**	347	448	**549**	641
753	854	955	156	**257**	358	459	551	**652**

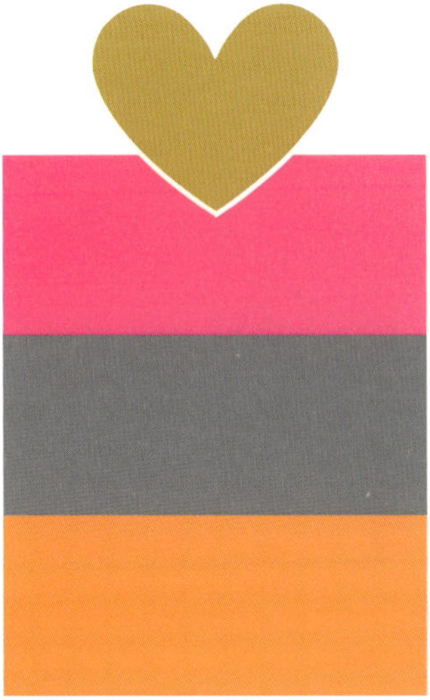

213の人

赤・ピンク
銀
オレンジ

【あなたの人生の配役・役割・使命】

繊細な感性の持ち主で芸術的なセンスのある人です。アイデアマンでプランニング能力に優れ、繊細でいて尚且つスケールの大きな夢を描くことが得意です。人から指示されたり抑え付けられたりすることが嫌いで、あまり拘束されると反発するタイプです。人に使われることが嫌いで、自分のペースでやるのが好きです。人との付き合いはベッタリするのが苦手です。人から評価されたり褒められたりすると人一倍嬉しいと感じます。気分屋で感情にムラがあります。思ったら即実行に移すという行動的な面を持っています。

【あなたの職業適正】

プランニング能力に優れ、天性のプランナーです。芸術家やデザイナー、イラストレーターなど自立的で感性を活かした分野で能力を発揮します。また、美的センスもあり美容、服装、ヘアーメイク、宝石小物など美をテーマとする分野でも能力を発揮します。人に使われるのが嫌いで、自分のペースで出来る世界へ進みます。人と同じことをやるのが嫌いで、開拓者精神が旺盛です。独創的なアイデアを駆使して職業を選ぶ傾向があります。
人に気配りする接客業には向いていません。

【あなたが輝くワンポイントアドバイス】

あなたの長所は、天性の感性の豊かさにあります。芸術分野やプランナーなどはあなたの運命の職業です。せっかく持って生まれたこの資質を大切に育んでください。人に使われるのが嫌いなあなた。心地好いように生きてみるのも幸せの道です。

〈あなたの知りたい情報〉

心相数	基本数	ポジション数	運気数
224	336	1	6

〈あなたの特別の運命の人〉 三千年の旅をして出逢った人

1	合計して999になる人	775
2	同じ数の人	224
3	並び換えの人	224
4	受胎数・運気数グループ 9名	145 224 393 472 551 639 718 887 966

〈相性判定の基本数グループ〉 親子の流れ、恋人夫婦間、様々な相性の良い関係のグループ

基本数が同じ 663 336	112 145 178 415 448 472 718 742 775 663 224 257 281 527 551 584 821 854 887 336

〈あなたの親子の関係は〉

第一グループ	親を継ぐ数字。親との関係が深く親の面倒をみる役割。 親にみられる場合もあり、長男長女で生まれやすい。

〈組織での動きや仕事傾向〉

第一グループ	組織を大きくする能力、拡大志向。 マネジメント能力がある。組織の中で力を発揮する。

<八犬伝グループ> 一生を支える支援関係、仕事などで出逢いやすい関係

中心から八方向に伸びる塗つぶした枠の中の数字の人たちが、あなたを助け、あなたが助けるという役目をもった支援関係の人たち

674	775	876	977	178	279	371	472	573
685	786	887	988	189	281	382	483	584
696	797	898	999	191	292	393	494	595
718	819	911	112	213	314	415	516	617
729	821	922	123	**224**	325	426	527	628
731	832	933	134	235	336	437	538	639
742	843	944	145	246	347	448	549	641
753	854	955	156	257	358	459	551	652
764	865	966	167	268	369	461	562	663

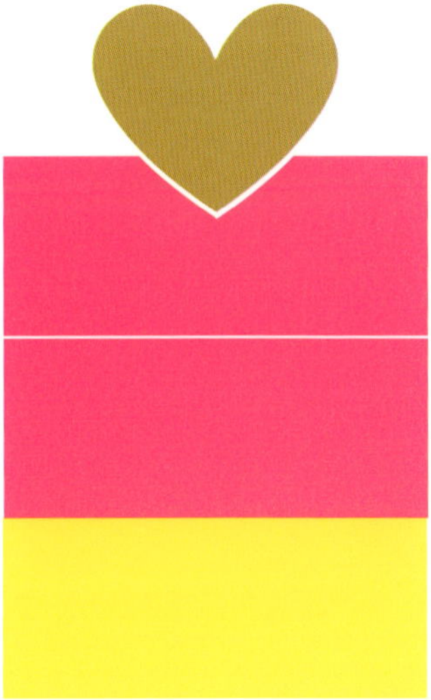

224の人

赤・ピンク
赤・ピンク
黄

【あなたの人生の配役・役割・使命】
人に指図されることが嫌い。アイデアマンでもあり、若くして独立して成功を収める人が多い。組織的には頂点を取ろうとする意欲があり拡大志向です。事業に対する意欲も人一倍強い。人から褒められたり、評価されると大変喜びます。感性も豊かで芸術的センスが抜群です。また親分肌で皆から頼られると嬉しくなります。人情家で感動的な場面では、涙もろいところもあります。思い込む能力があり我が道を行くといった面があります。

【あなたの職業適性】
人に指示され、使われるのが嫌いなために、若いうちに独立していろんなことをやりたがる人が多い。行動力の塊のような人で、しかも、感性が豊かでアイデアにも優れているので、その才能を活かして自らビジネスを始める人が多い。拡大志向がありビジネスをさせると会社を大きくすることの喜びを感じます。組織の中では、人を統率する立場に立ちたがります。天性の社長の器を持った人です。組織では少しワンマンの傾向があります。

【あなたが輝くワンポイントアドバイス】
人の意見に耳を傾けないワンマンさは、今の情報化時代では通用しません。多くの人の意見に耳を傾けることができるか否かがあなたの課題です。そのためには、あなた自身のプライドを一度捨ててみることが必要です。その先に見えてくるものが人生の答えです。

〈あなたの知りたい情報〉

心相数	基本数	ポジション数	運気数
235	393	2	7

〈あなたの特別の運命の人〉　三千年の旅をして出逢った人

1	合計して999になる人	764
2	同じ数の人	235
3	並び換えの人	325
4	受胎数・運気数グループ 9名	156 235 314 483 562 641 729 898 977

〈相性判定の基本数グループ〉　親子の流れ、恋人夫婦間、様々な相性の良い関係のグループ

基本数が同じ 696 393	134 167 191 437 461 494 731 764 797 696 235 268 292 538 562 595 832 865 898 393

〈あなたの親子の関係は〉

第二グループ	ピンチヒッター役で、誰も親の面倒をみる人がいないと役割がまわってきます。

〈組織での動きや仕事傾向〉

第二グループ	二番手が向いている。一番手になろうとすると辛い。 番頭役や調整役に適している。

＜八犬伝グループ＞ 一生を支える支援関係、仕事などで出逢いやすい関係

中心から八方向に伸びる塗つぶした枠の中の数字の人たちが、あなたを助け、あなたが助けるという役目をもった支援関係の人たち

685	786	887	988	189	281	382	483	584
696	797	898	999	191	292	393	494	595
718	819	911	112	213	314	415	516	617
729	821	922	123	224	325	426	527	628
731	832	933	134	**235**	336	437	538	639
742	843	944	145	246	347	448	549	641
753	854	955	156	257	358	459	551	652
764	865	966	167	268	369	461	562	663
775	876	977	178	279	371	472	573	674

235の人
赤・ピンク
オレンジ
緑

【あなたの人生の配役・役割・使命】
感性が豊かで芸術的センスが抜群です。アイデアやプランニング能力に優れているものがあり、ビジネスの世界でも能力を発揮する人が多い。周りの者からほめられたり評価されることが元気の源。変化のあることが大好きで新しいことに関心を持ちやすい。行動力があり、思ったことは即実行に移したがります。人脈の数字を持っている人で人の縁も強く、友達も多い方です。気配り上手な人で周りの人から見ると、けっこう頼りがいのある人です。友達や人を調和する役割をする場面が多くあります。

【あなたの職業適正】
感性が豊かな人ですので、この能力を活かした職業が一番心地好いのです。人が大好きなので、大衆を相手にする芸術分野に向いています。人に好かれるタイプで、行動力もあるので、信用を前提とする営業職にも適しています。組織の中では、プランニング能力やファイリング能力にもすぐれ、アイデアもあり、人を調整することもできるので、総務や人事に独自の能力を発揮します。基本的には自分のペースで出来る独立した職業やポジションを選ぶ傾向が強くあります。人が好きな割に接客業はストレスになりやすい。

【あなたが輝くワンポイントアドバイス】
感性が豊かなだけに、いつも独立を考えているあなたです。人生は、可能なことなら、今やりたいと思った道を選択することが悔いを残さないものです。躊躇するのも人生、チャレンジするのも人生です。同じ人生なら、迷わずやりたい道へ進むべきでしょう。

〈あなたの知りたい情報〉

心相数	基本数	ポジション数	運気数
246	369	2	8

〈あなたの特別の運命の人〉 三千年の旅をして出逢った人

1	合計して999になる人	753
2	同じ数の人	246
3	並び換えの人	426
4	受胎数・運気数グループ 9名	167 246 325 494 573 652 731 819 988

〈相性判定の基本数グループ〉 親子の流れ、恋人夫婦間、様々な相性の良い関係のグループ

基本数が同じ 639 369	123 156 189 426 459 483 729 753 786 639 213 246 279 516 549 573 819 843 876 369

〈あなたの親子の関係は〉

第二グループ	ピンチヒッター役で、誰も親の面倒をみる人がいないと役割がまわってきます。

〈組織での動きや仕事傾向〉

第二グループ	二番手が向いている。一番手になろうとすると辛い。 番頭役や調整役に適している。

<八犬伝グループ> 一生を支える支援関係、仕事などで出逢いやすい関係

中心から八方向に伸びる塗つぶした枠の中の数字の人たちが、あなたを助け、あなたが助けるという役目をもった支援関係の人たち

696	797	898	999	191	292	393	494	595
718	819	911	112	213	314	415	516	617
729	821	922	123	224	325	426	527	628
731	832	933	134	235	336	437	538	639
742	843	944	145	**246**	347	448	549	641
753	854	955	156	257	358	459	551	652
764	865	966	167	268	369	461	562	663
775	876	977	178	279	371	472	573	674
786	887	988	189	281	382	483	584	685

246の人

赤・ピンク

黄

青

【あなたの人生の配役・役割・使命】

行動的でじっとしているのが嫌い。思ったら即実行に移したがります。スポーツなど活動的なものが好きで周りから元気な人のイメージが強い。また人から頼られることを喜び、周りの面倒見も良い親分肌の人です。人情味も豊かで人一倍涙もろいところがあります。女性なら頼りがいのある肝っ玉母さん的な雰囲気のある人が多い。友人知人が多く、人をコーディネートする役割があります。人から相談を持ちかけられ相談相手になる場合が多い。感性も豊かで芸術的センスも抜群であり、アイデアにすぐれています。少し気分屋の面もあります。自由奔放な人で指図されたりすることが嫌い。

【あなたの職業適正】

人が好きで行動力もありますので、信用を前提とする営業に向いています。また、感性も豊かで芸術的センスも十分にあるので、それを活かした分野で能力を発揮します。体を動かすことも大好きなので、事務系よりも動いている職業に向いています。人をコーディネートし、またプロデュースすることも好きで、それを活かせる職業が良い人です。人に教え、また面倒を見てあげることが好きです。組織の中では調整役が適しています。

【あなたが輝くワンポイントアドバイス】

快活さと明るさが最大の長所です。この長所は一生を通じて変わりません。せっかく素晴らしい資質を授かったのですから、この長所を活かさない手はありません。あなた自身が光り輝くには、明るくふるまうことです。心一つで変われるものなのですよ。

〈あなたの知りたい情報〉

心相数	基本数	ポジション数	運気数
257	336	1	9

〈あなたの特別の運命の人〉 三千年の旅をして出逢った人

1	合計して999になる人	742
2	同じ数の人	257
3	並び換えの人	527
4	受胎数・運気数グループ 9名	178 257 336 415 584 663 742 821 999

〈相性判定の基本数グループ〉 親子の流れ、恋人夫婦間、様々な相性の良い関係のグループ

基本数が同じ 663 336	112 145 178 415 448 472 718 742 775 663 224 257 281 527 551 584 821 854 887 336

〈あなたの親子の関係は〉

第一グループ	親を継ぐ数字。親との関係が深く親の面倒をみる役割。 親にみられる場合もあり、長男長女で生まれやすい。

〈組織での動きや仕事傾向〉

第一グループ	組織を大きくする能力、拡大志向。 マネジメント能力がある。組織の中で力を発揮する。

<八犬伝グループ> 一生を支える支援関係、仕事などで出逢いやすい関係

中心から八方向に伸びる塗つぶした枠の中の数字の人たちが、あなたを助け、あなたが助けるという役目をもった支援関係の人たち

718	819	911	112	213	314	415	516	617
729	821	922	123	224	325	426	527	628
731	832	933	134	235	336	437	538	639
742	843	944	145	246	347	448	549	641
753	854	955	156	**257**	358	459	551	652
764	865	966	167	268	369	461	562	663
775	876	977	178	279	371	472	573	674
786	887	988	189	281	382	483	584	685
797	898	999	191	292	393	494	595	696

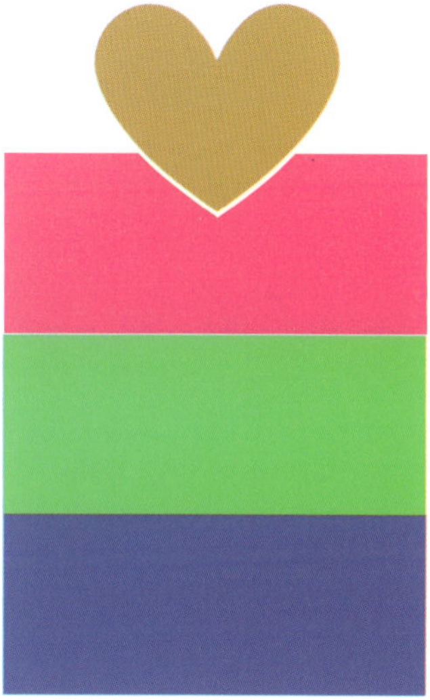

257の人

赤・ピンク
緑
紺・藍色

【あなたの人生の配役・役割・使命】

いろいろな面を持っていて、なかなかわかりにくい人です。友達の評価も十名いれば十通りのとらえ方があります。人に指図されることが嫌。逆に人から褒められ、評価されると人一倍喜びます。独立心旺盛な人で、何事も自分でやってみないと納得しない。体験から学ぶ人で、周りの助言には耳を貸しません。気配り上手の反面ときどき気疲れしてしまう場合があります。感性が豊かで芸術的センスがある反面、気分にムラがあり感情の起伏が激しいところがあります。頑固な面があり、人の好き嫌いもハッキリしています。

【あなたの職業適正】

人に使われることや人と同じことをやるのが嫌いなために独立心があります。ビジネスなどは、拡大志向で、どうせやるなら大きくしようとします。人に指図されるのが嫌いなため、人の上に立つ職業か人を使う職業に向いています。また、感性が豊かで芸術的センスもありますが、それを活かして自分のペースで出来る職業に向いています。組織の中ではリーダーになりたがります。バランスよくいろいろな才能を持った人なので比較的どんな職業にも適しています。磨けば文章能力抜群な人です。

【あなたが輝くワンポイントアドバイス】

いろいろな能力を秘めた現実主義者のあなたです。あなたの関心事は一にも二にも、今この瞬間をどう楽しむかということにあります。人生は一度きりだということを知りますと、あなたの生き方はなかなかのものです。このままの気持ちで頑張りましょう。

〈あなたの知りたい情報〉

心相数	基本数	ポジション数	運気数
268	393	3	1

〈あなたの特別の運命の人〉 三千年の旅をして出逢った人

1	合計して999になる人	731
2	同じ数の人	268
3	並び換えの人	628
4	受胎数・運気数グループ 9名	189 268 347 426 595 674 753 832 911

〈相性判定の基本数グループ〉 親子の流れ、恋人夫婦間、様々な相性の良い関係のグループ

基本数が同じ 696 393	134 167 191 437 461 494 731 764 797 696 235 268 292 538 562 595 832 865 898 393

〈あなたの親子の関係は〉

第三グループ	親を愛していないわけではないのですが、親元を離れていく傾向が強く、用事のあるときだけ帰ります。

〈組織での動きや仕事傾向〉

第三グループ	組織に拘らない、執着もうすい。納得のいく仕事がテーマ。人と同じにみられるのが嫌いで、開拓者精神旺盛。

<八犬伝グループ> 一生を支える支援関係、仕事などで出逢いやすい関係

中心から八方向に伸びる塗つぶした枠の中の数字の人たちが、あなたを助け、あなたが助けるという役目をもった支援関係の人たち

729	821	922	123	224	325	426	527	628
731	832	933	134	235	336	437	538	639
742	843	944	145	246	347	448	549	641
753	854	955	156	257	358	459	551	652
764	865	966	167	**268**	369	461	562	663
775	876	977	178	279	371	472	573	674
786	887	988	189	281	382	483	584	685
797	898	999	191	292	393	494	595	696
819	911	112	213	314	415	516	617	718

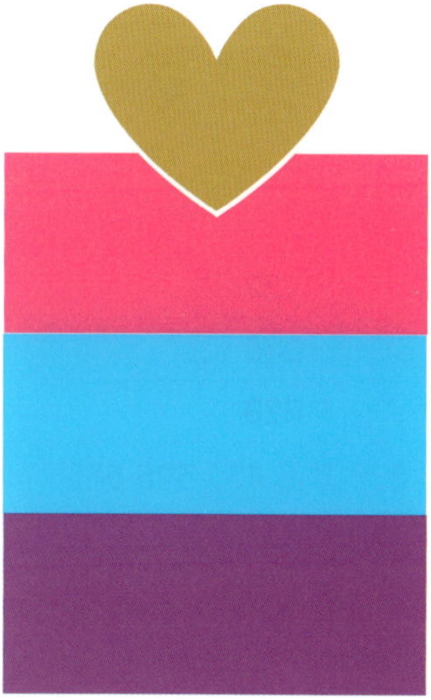

268の人

赤・ピンク
青
紫

【あなたの人生の配役・役割・使命】

感性が豊かで、芸術的世界に関心がある他、見えない神秘的な世界にも関心が深い人です。イメージが豊かでアイデアにも優れています。人に使われ、また人に指図されるのが嫌いなために自分の世界を築こうとします。独立心旺盛。人からほめられると元気になり頑張ります。人をコーディネートする能力に長けていて、けっこう情報通でもあります。友達の中では少し目立ちたがりの面もあり仕切り役が好きです。皆から頼られ、また自分の役割を認められると喜んでなんでもやります。組織にはこだわらずに行きたいところへいく自由さがあります。開拓精神も旺盛で人と違うことをやりたがります。

【あなたの職業適正】

芸術的な分野で名を成す人です。感性も豊かでアイデアなどの創造性にすぐれた才能を発揮します。芸術以外の分野でも感性を活かす仕事に向いています。美に対するセンスもすぐれているので女性の美にかかわる職業に適しています。人から指図されることは嫌いなため、独立して自分のペースで何事もやりたがります。人と同じことをやるのは嫌いなため、アイデアを活かした独自の世界を築きやすいタイプです。

【あなたが輝くワンポイントアドバイス】

好きな道を突っ走ってきた割には、悩み多いあなたです。あなたの才能は多くの人に喜んでいただくために授かったものです。あなたの存在そのものが周りに希望と安らぎを与えるものです。

〈あなたの知りたい情報〉

心相数	基本数	ポジション数	運気数
279	369	1	2

〈あなたの特別の運命の人〉　三千年の旅をして出逢った人

1	合計して999になる人	729
2	同じ数の人	279
3	並び換えの人	729
4	受胎数・運気数グループ 9名	191 279 358 437 516 685 764 843 922

〈相性判定の基本数グループ〉　親子の流れ、恋人夫婦間、様々な相性の良い関係のグループ

基本数が同じ 639 369	123 156 189 426 459 483 729 753 786 639 213 246 279 516 549 573 819 843 876 369

〈あなたの親子の関係は〉

第一グループ	親を継ぐ数字。親との関係が深く親の面倒をみる役割。 親にみられる場合もあり、長男長女で生まれやすい。

〈組織での動きや仕事傾向〉

第一グループ	組織を大きくする能力、拡大志向。 マネジメント能力がある。組織の中で力を発揮する。

<八犬伝グループ> 一生を支える支援関係、仕事などで出逢いやすい関係

中心から八方向に伸びる塗つぶした枠の中の数字の人たちが、あなたを助け、あなたが助けるという役目をもった支援関係の人たち

731	832	933	134	235	336	437	538	639
742	843	944	145	246	347	448	549	641
753	854	955	156	257	358	459	551	652
764	865	966	167	268	369	461	562	663
775	876	977	178	**279**	371	472	573	674
786	887	988	189	281	382	483	584	685
797	898	999	191	292	393	494	595	696
819	911	112	213	314	415	516	617	718
821	922	123	224	325	426	527	628	729

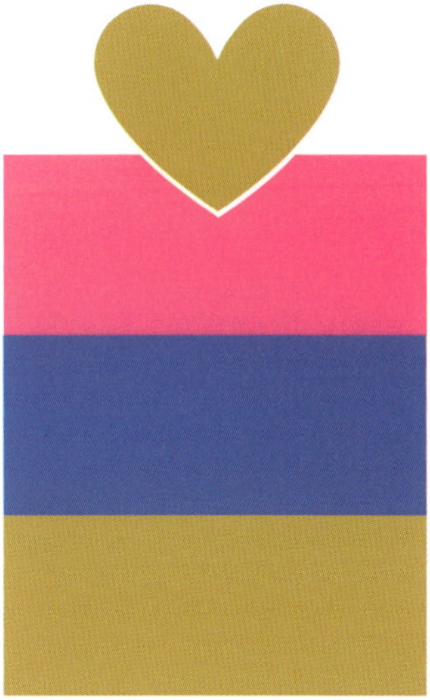

279の人

赤・ピンク
紺・藍色
金・黄

【あなたの人生の配役・役割・使命】

人に指図されることを極端に嫌うあなたです。あなたは誰にも束縛されずに人生を謳歌したいと思う我が道を行くといったタイプの人です。人に妥協するのも好きではありません、自分の世界を築きたがります。人から褒められ、また評価されることが、何よりも嬉しいと感じます。感性が豊かで音楽や絵画などの芸術的なセンスが抜群にあり、アイデアやプランニング能力にも優れています。自分の考えていることは納得いくまで諦めないといったところがある反面、一度言い出したらテコでも動かないという頑固さがあります。

【あなたの職業適正】

人に使われることが嫌いなために、自分の力でやりたがる人です。アイデアにも恵まれ、それを活かして若いうちから独立して事業をする人が多い。また、芸術的なセンスも抜群の人で、それを活かした芸術分野や感性の世界で名を成す人も多い。絵画や演劇や舞台、音楽や芸能関係で能力を発揮する人もいます。あまり気配りを求められる接客業はストレスが溜まり向いていません。動くのが好きなので一般事務は向いていません。

【あなたが輝くワンポイントアドバイス】

天性の感性をもったあなたは、指図されたり抑えられたりすることが一番嫌です。あなたが今悩んでいるとすれば、きっとあなたの好きなことが自由にできないからに違いありません。思い切って環境や人付き合いを変えてみるのも一つの方法です。

〈あなたの知りたい情報〉

心相数	基本数	ポジション数	運気数
281	336	1	3

〈あなたの特別の運命の人〉　三千年の旅をして出逢った人

1	合計して999になる人	718
2	同じ数の人	281
3	並び換えの人	821
4	受胎数・運気数グループ 9名	112 281 369 448 527 696 775 854 933

〈相性判定の基本数グループ〉　親子の流れ、恋人夫婦間、様々な相性の良い関係のグループ

基本数が同じ 663 336	112 145 178 415 448 472 718 742 775 663 224 257 281 527 551 584 821 854 887 336

〈あなたの親子の関係は〉

第一グループ	親を継ぐ数字。親との関係が深く親の面倒をみる役割。 親にみられる場合もあり、長男長女で生まれやすい。

〈組織での動きや仕事傾向〉

第一グループ	組織を大きくする能力、拡大志向。 マネジメント能力がある。組織の中で力を発揮する。

<八犬伝グループ> 一生を支える支援関係、仕事などで出逢いやすい関係

中心から八方向に伸びる塗つぶした枠の中の数字の人たちが、あなたを助け、あなたが助けるという役目をもった支援関係の人たち

742	843	944	145	246	347	448	549	641
753	854	955	156	257	358	459	551	652
764	865	966	167	268	369	461	562	663
775	876	977	178	279	371	472	573	674
786	887	988	189	**281**	382	483	584	685
797	898	999	191	292	393	494	595	696
819	911	112	213	314	415	516	617	718
821	922	123	224	325	426	527	628	729
832	933	134	235	336	437	538	639	731

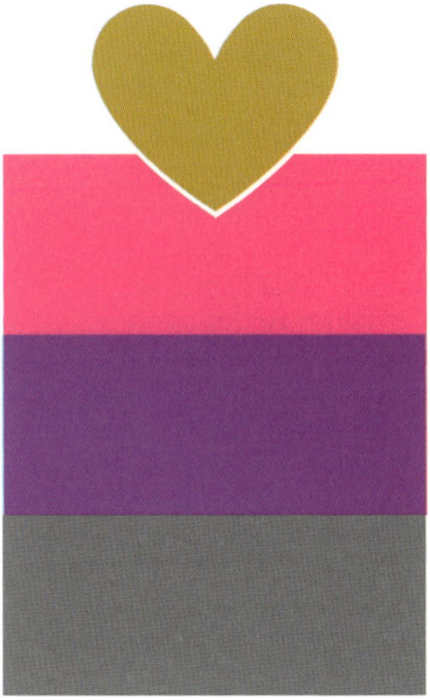

281の人

赤・ピンク
紫
銀

【あなたの人生の配役・役割・使命】
人の目を気にしないで我が道を行くといった人生を歩んでいる人です。友人はいてもいなくても、あまり気にしません。人間関係のトラブルも比較的淡々と受け入れられ、後に長引かせません。人から指図されることが一番嫌で、あまり周囲の助言には耳を傾けないところがあります。感性が豊かで芸術的センスが抜群にあり、アイデアに優れ、仕事においてもユニークな発想が一杯です。自分ひとりの時間を大切にする人で無理して人に合わせることもありません。しかし、人から無視されることには弱く、いつも皆から注目されたがっています。目立つ人です。

【あなたの職業適正】
気分のままに我が道を行くといった人で、職業においても独立心旺盛です。感性が豊かでアイデアに優れた人ですから、それを活かして若くして自分の世界を築く人が多い。拡大志向の強い人で、どうせ組織を作るなら、とことん大きくしようとする傾向があります。あまり人とベッタリ付き合うのは好きではありません。気分屋の面が強く、人間関係を前提とした接客業には向いていません。特に感性を活かした分野で成功し易いタイプです。

【あなたが輝くワンポイントアドバイス】
人に使われることが大嫌いなあなたは、いつも我が道を行くといった自由奔放の人生を歩んでいます。人の評価は星の数ほどにありますが、あなたの人生には何もプラスになりません。今の自分を信じさえすれば悔いのない人生を手にできること間違いありません。

〈あなたの知りたい情報〉

心相数	基本数	ポジション数	運気数
292	393	1	4

〈あなたの特別の運命の人〉 三千年の旅をして出逢った人

1	合計して999になる人	797
2	同じ数の人	292
3	並び換えの人	922
4	受胎数・運気数グループ 9名	123 292 371 459 538 617 786 865 944

〈相性判定の基本数グループ〉 親子の流れ、恋人夫婦間、様々な相性の良い関係のグループ

基本数が同じ 696 393	134 167 191 437 461 494 731 764 797 696 235 268 292 538 562 595 832 865 898 393

〈あなたの親子の関係は〉

第一グループ	親を継ぐ数字。親との関係が深く親の面倒をみる役割。 親にみられる場合もあり、長男長女で生まれやすい。

〈組織での動きや仕事傾向〉

第一グループ	組織を大きくする能力、拡大志向。 マネジメント能力がある。組織の中で力を発揮する。

<八犬伝グループ> 一生を支える支援関係、仕事などで出逢いやすい関係

中心から八方向に伸びる塗つぶした枠の中の数字の人たちが、あなたを助け、あなたが助けるという役目をもった支援関係の人たち

753	854	955	156	257	358	459	551	652
764	865	966	167	268	369	461	562	663
775	876	977	178	279	371	472	573	674
786	887	988	189	281	382	483	584	685
797	898	999	191	**292**	393	494	595	696
819	911	112	213	314	415	516	617	718
821	922	123	224	325	426	527	628	729
832	933	134	235	336	437	538	639	731
843	944	145	246	347	448	549	641	742

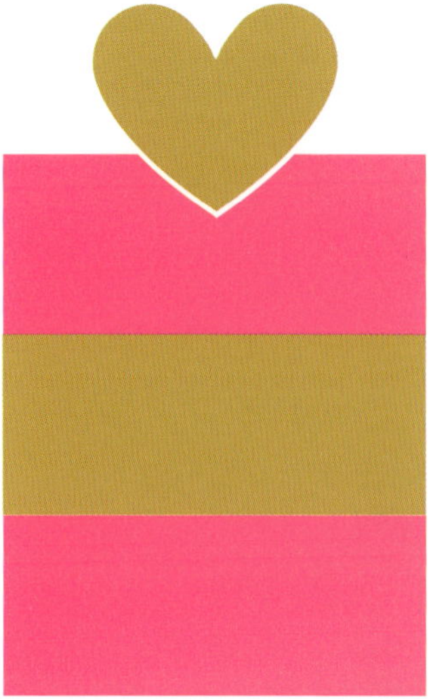

292の人

赤・ピンク
金・黄
赤・ピンク

【あなたの人生の配役・役割・使命】
個性の強い人。行動力抜群で、思った事は即実行に移さないと気がすみません。感性も豊かで芸術的センスもあり、創造性に富みアイデアマンでもあります。次から次へとアイデアがひらめいては新しい関心へと興味が移っていく傾向があります。人に使われたり指図されたりすることが嫌で独立心旺盛です。自分のペースでやりたがります。創業者タイプの人で若くして成功する人が多い。人からほめられることが励ましのエネルギーになっています。気分屋。人の言葉に傷つきやすい繊細さを持っていて、意外と攻撃され守りに入ると弱いところがあります。組織的には拡大志向で天下を取ろうとする傾向があります。

【あなたの職業適正】
天性の独立志向の人で、人に使われることが嫌いです。感性が豊かでアイデアも一杯です。行動力も並外れたものがあり、それを活かして、ビジネスの分野では若くして成功をおさめる人が多くいます。起業家に向いています。また、プランニング能力にも秀で芸術的センスも抜群にあるので、それを活かす横文字職業にも天性の能力を発揮します。行動力があり、動きのある職業を好むために事務系の仕事では満足しません。

【あなたが輝くワンポイントアドバイス】
あなたは人の指図を嫌うために、意外と人生のチャンスを失っている場合が多くあります。まずは、自分と同じように、人生にかかわる全ての人の存在と役割を認めることが必要です。謙虚になったときから本当の人生が始まります。

〈あなたの知りたい情報〉

心相数	基本数	ポジション数	運気数
314	966	1	7

〈あなたの特別の運命の人〉　三千年の旅をして出逢った人

1	合計して999になる人	685
2	同じ数の人	314
3	並び換えの人	134
4	受胎数・運気数グループ 9名	156 235 314 483 562 641 729 898 977

〈相性判定の基本数グループ〉　親子の流れ、恋人夫婦間、様々な相性の良い関係のグループ

基本数が同じ 933 966	325 358 382 628 652 685 922 955 988 933 314 347 371 617 641 674 911 944 977 966

〈あなたの親子の関係は〉

第一グループ	親を継ぐ数字。親との関係が深く親の面倒をみる役割。 親にみられる場合もあり、長男長女で生まれやすい。

〈組織での動きや仕事傾向〉

第一グループ	組織を大きくする能力、拡大志向。 マネジメント能力がある。組織の中で力を発揮する。

＜八犬伝グループ＞一生を支える支援関係、仕事などで出逢いやすい関係

中心から八方向に伸びる塗つぶした枠の中の数字の人たちが、あなたを助け、あなたが助けるという役目をもった支援関係の人たち

764	865	966	167	268	369	461	562	663
775	876	977	178	279	371	472	573	674
786	887	988	189	281	382	483	584	685
797	898	999	191	292	393	494	595	696
819	911	112	213	**314**	415	516	617	718
821	922	123	224	325	426	527	628	729
832	933	134	235	336	437	538	639	731
843	944	145	246	347	448	549	641	742
854	955	156	257	358	459	551	652	753

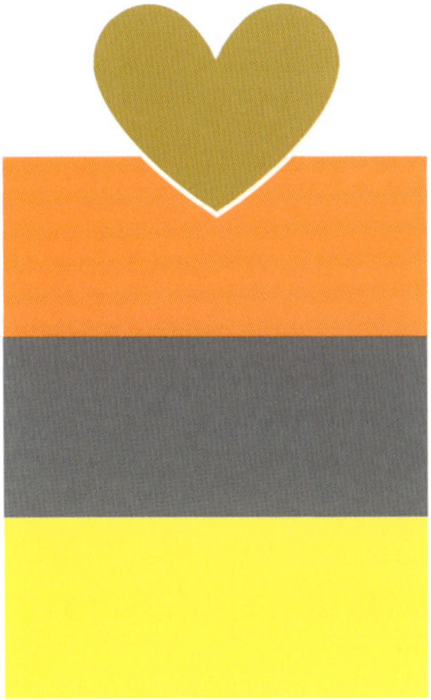

314の人

オレンジ

銀

黄

【あなたの人生の配役・役割・使命】

新しいことに関心が深く変化を楽しむ人。ビジネスでは時代の新しいネタを発見する能力が抜群です。アイデアも豊富でプランニング能力にも優れています。また、行動力の人で、思った事は即実行に移さないと気がすみません。じっとしていることは嫌いで一日中人と会ったりすることも苦になりません。人生に対しては、いつも目標がないとやる気が出ない人。目標があるときのパワーは他の人の追随を許さないほどです。人の縁が深く、感動的な場面では涙もろいという人情家の一面もあります。また親分肌です。

【あなたの職業適正】

行動力に長けて、直感とひらめきに優れた人です。一つの事よりは変化する仕事が向いています。組織においてはプランニング能力にも優れているので、プランナーなどプロジェクトの最前線の司令塔に適しています。また、新しいことを次から次へと思い付いては実行しようとしますので提案型の社員になります。拡大志向の人で、ビジネスに対しては、会社を大きくしようとする発展型の人になります。感性が豊かですから芸能や芸術の世界でも能力を発揮します。

【あなたが輝くワンポイントアドバイス】

アイデアや行動力があなたの長所です。この能力はあなただけに与えられた、人生を切り開き事業を成功させるための最高の力です。この能力は、あなたが相手の立場で考え、思いやることができたとき、私利私欲を超えたときに本当に開花するのです。

〈あなたの知りたい情報〉

心相数	基本数	ポジション数	運気数
325	933	3	8

〈あなたの特別の運命の人〉　三千年の旅をして出逢った人

1	合計して999になる人	674
2	同じ数の人	325
3	並び換えの人	235
4	受胎数・運気数グループ 9名	167 246 325 494 573 652 731 819 988

〈相性判定の基本数グループ〉　親子の流れ、恋人夫婦間、様々な相性の良い関係のグループ

基本数が同じ 966 933	314 347 371 617 641 674 911 944 977 966 325 358 382 628 652 685 922 955 988 933

〈あなたの親子の関係は〉

第三グループ	親を愛していないわけではないのですが、親元を離れていく傾向が強く、用事のあるときだけ帰ります。

〈組織での動きや仕事傾向〉

第三グループ	組織に拘らない、執着もうすい。納得のいく仕事がテーマ。人と同じにみられるのが嫌いで、開拓者精神旺盛。

＜八犬伝グループ＞ 一生を支える支援関係、仕事などで出逢いやすい関係

中心から八方向に伸びる塗つぶした枠の中の数字の人たちが、あなたを助け、あなたが助けるという役目をもった支援関係の人たち

775	876	977	178	279	371	472	573	674
786	887	988	189	281	382	483	584	685
797	898	999	191	292	393	494	595	696
819	911	112	213	314	415	516	617	718
821	922	123	224	**325**	426	527	628	729
832	933	134	235	336	437	538	639	731
843	944	145	246	347	448	549	641	742
854	955	156	257	358	459	551	652	753
865	966	167	268	369	461	562	663	764

325の人

オレンジ
赤・ピンク
緑

【あなたの人生の配役・役割・使命】
優れた戦略家でプランニング能力に長けた人。この能力は貴重な財産。それに気づいたときに開花します。また、芸術的なセンスや感性の豊かさを内に秘めている人。変化を楽しむ人で、同じことをやり続けるより新しいことにも深い関心を持っています。時代の最前線の情報をキャッチする能力はなかなかのものです。行動力の人で、思ったことは即実行に移さないと気が済まない人です。人から指図されたりすることが嫌。独立心旺盛で自分のペースでやりたがる自由人。楽天的な人。

【あなたの職業適正】
人と同じことをやるのは嫌いで新しいことに関心を示しますので、独立して自分で起業する人が多い。プランニング能力に長けていて、プランナーやプロデューサーといった職業に向いています。感性が豊かで、芸術的センスに優れた人で、それを活かした分野に能力を発揮します。実行力も人一倍ありますので、ビジネスにおいては提案型の社員として活躍します。接客業ではアイデアを発揮して成功する人。

【あなたが輝くワンポイントアドバイス】
いろいろなことに関心を持ちやすいあなた。感性の豊かさや芸術的センスはあなたの好奇心をますます刺激することになります。あなたのこの才能は多くの人との付き合いの中で磨かれていくものなのです。良い出会いを一つするごとに輝く人です。

〈あなたの知りたい情報〉

心相数	基本数	ポジション数	運気数
336	336	3	9

〈あなたの特別の運命の人〉 三千年の旅をして出逢った人

1	合計して999になる人	663
2	同じ数の人	336
3	並び換えの人	336
4	受胎数・運気数グループ 9名	178 257 336 415 584 663 742 821 999

〈相性判定の基本数グループ〉 親子の流れ、恋人夫婦間、様々な相性の良い関係のグループ

基本数が同じ 663 336	112 145 178 415 448 472 718 742 775 663 224 257 281 527 551 584 821 854 887 336

〈あなたの親子の関係は〉

第三グループ	親を愛していないわけではないのですが、親元を離れていく傾向が強く、用事のあるときだけ帰ります。

〈組織での動きや仕事傾向〉

第三グループ	組織に拘らない、執着もうすい。納得のいく仕事がテーマ。人と同じにみられるのが嫌いで、開拓者精神旺盛。

＜八犬伝グループ＞ 一生を支える支援関係、仕事などで出逢いやすい関係

中心から八方向に伸びる塗つぶした枠の中の数字の人たちが、あなたを助け、あなたが助けるという役目をもった支援関係の人たち

786	887	988	189	281	382	483	584	685
797	898	999	191	292	393	494	595	696
819	911	112	213	314	415	516	617	718
821	922	123	224	325	426	527	628	729
832	933	134	235	336	437	538	639	731
843	944	145	246	347	448	549	641	742
854	955	156	257	358	459	551	652	753
865	966	167	268	369	461	562	663	764
876	977	178	279	371	472	573	674	775

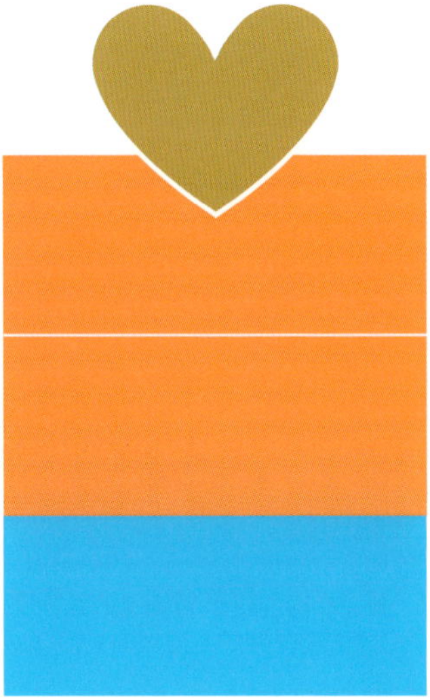

336の人

オレンジ
オレンジ
青

【あなたの人生の配役・役割・使命】
行動力の人で、思ったことは即実行に移さないと気が済みません。考えているよりは動いている方が楽な人です。物事をポジティブ（肯定的）に考える人で前向きで楽天的志向の人です。アイデアにすぐれ、プランニング能力は抜群です。いつも関心の対象が変化しています。ビジネスでは時代の最前線の情報をキャッチする能力にすぐれ、若くして成功をおさめる人が多いです。また、人をコーディネートする役割に長けています。人との付き合いでは、自分のペースを大切にする人です。人に使われることが嫌いで開拓者精神旺盛の自由人です。

【あなたの職業適正】
ビジネスでは最前線のネタを見つける能力に長けた人ですので、独立し事業を始める人が多い。また、感性豊かでアイデアに優れプランニング能力も抜群の人なので、感性を活かす職業にも向いています。じっとしているよりは動いているときが好きな人ですから事務系よりは変化のある職業に向いています。行動力がありますから営業で能力を発揮する人もいます。人のコーディネートやプロデュースの分野でも能力を発揮します。

【あなたが輝くワンポイントアドバイス】
人生はいつもチャレンジの連続だと考えているあなた。目の前に立ちはだかる難問も、あなたにとっては、あなたを成長させるための材料に過ぎません。全てをポジティブ（肯定的）に考えているあなたの生きる姿勢には素晴らしいものがあります。

〈あなたの知りたい情報〉

心相数	基本数	ポジション数	運気数
347	966	3	1

〈あなたの特別の運命の人〉 三千年の旅をして出逢った人

1	合計して999になる人	652
2	同じ数の人	347
3	並び換えの人	437
4	受胎数・運気数グループ 9名	189 268 347 426 595 674 753 832 911

〈相性判定の基本数グループ〉 親子の流れ、恋人夫婦間、様々な相性の良い関係のグループ

基本数が同じ 933 966	325 358 382 628 652 685 922 955 988 933 314 347 371 617 641 674 911 944 977 966

〈あなたの親子の関係は〉

第三グループ	親を愛していないわけではないのですが、親元を離れていく傾向が強く、用事のあるときだけ帰ります。

〈組織での動きや仕事傾向〉

第三グループ	組織に拘らない、執着もうすい。納得のいく仕事がテーマ。人と同じにみられるのが嫌いで、開拓者精神旺盛。

<八犬伝グループ> 一生を支える支援関係、仕事などで出逢いやすい関係

中心から八方向に伸びる塗つぶした枠の中の数字の人たちが、あなたを助け、あなたが助けるという役目をもった支援関係の人たち

797	898	999	191	292	393	494	595	696
819	911	112	213	314	415	516	617	718
821	922	123	224	325	426	527	628	729
832	933	134	235	336	437	538	639	731
843	944	145	246	**347**	448	549	641	742
854	955	156	257	358	459	551	652	753
865	966	167	268	369	461	562	663	764
876	977	178	279	371	472	573	674	775
887	988	189	281	382	483	584	685	786

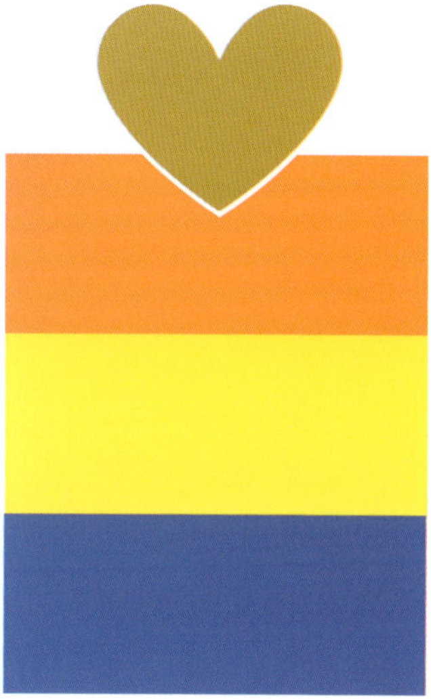

347の人

オレンジ

黄

紺・藍色

【あなたの人生の配役・役割・使命】
行動力が抜群にある人で、思い付いたことがあると、じっとしておれずに即実行に移します。直感力に優れ、初めの第一印象やひらめきが正しい答えになる場合が多い人です。アイデアに優れ、政策立案などのプランニングの能力は抜群です。自分で描いた絵を実現していく実行能力にも優れています。事業家で成功するいろいろな要素を兼ね備えた人です。意志力が強い反面、言い出したらテコでも動かないという頑固な一面も持っています。人が大好きで親分肌。皆から頼られると嬉しくなります。感動的な場面では涙もろい人情家でもあり、周りからの信頼は絶大です。開拓者精神が旺盛です。

【あなたの職業適正】
企画力と行動力が抜群にありますので、営業の分野で能力を発揮します。また、感性豊かで美的センスも抜群ですから、感性を活かせる職業にも向いています。人と違うことに喜びを感じているあなたは、新しいことを手掛ける最前線のプロジェクトで遺憾なく能力を発揮します。サラリーマンやＯＬとしてはきわめて優秀で歳を重ねるごとに実績をあげ評価されて行きます。全体として動きのある仕事が向いています。

【あなたが輝くワンポイントアドバイス】
あなたの人生はいつも忙しげに流れています。アイデアと行動力と責任感という、人が羨む能力が、あなたをいろいろな活動に駆り立てています。これは誰もまねのできない天性の才能です。この能力をどう活かすかが、一生を通じてのあなたのテーマです。

〈あなたの知りたい情報〉

心相数	基本数	ポジション数	運気数
358	933	1	2

〈あなたの特別の運命の人〉 三千年の旅をして出逢った人

1	合計して999になる人	641
2	同じ数の人	358
3	並び換えの人	538
4	受胎数・運気数グループ 9名	191 279 358 437 516 685 764 843 922

〈相性判定の基本数グループ〉 親子の流れ、恋人夫婦間、様々な相性の良い関係のグループ

基本数が同じ 966 933	314 347 371 617 641 674 911 944 977 966 325 358 382 628 652 685 922 955 988 933

〈あなたの親子の関係は〉

第一グループ	親を継ぐ数字。親との関係が深く親の面倒をみる役割。 親にみられる場合もあり、長男長女で生まれやすい。

〈組織での動きや仕事傾向〉

第一グループ	組織を大きくする能力、拡大志向。 マネジメント能力がある。組織の中で力を発揮する。

＜八犬伝グループ＞ 一生を支える支援関係、仕事などで出逢いやすい関係

中心から八方向に伸びる塗つぶした枠の中の数字の人たちが、あなたを助け、あなたが助けるという役目をもった支援関係の人たち

819	911	112	213	314	415	516	617	718
821	922	123	224	325	426	527	628	729
832	933	134	235	336	437	538	639	731
843	944	145	246	347	448	549	641	742
854	955	156	257	**358**	459	551	652	753
865	966	167	268	369	461	562	663	764
876	977	178	279	371	472	573	674	775
887	988	189	281	382	483	584	685	786
898	999	191	292	393	494	595	696	797

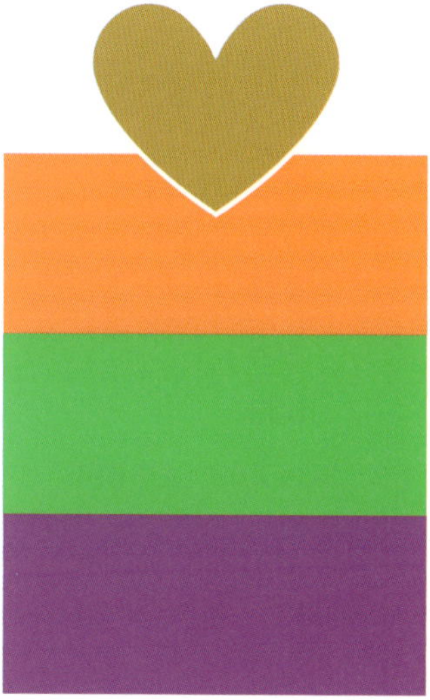

358の人

オレンジ

緑

紫

【あなたの人生の配役・役割・使命】

感性が豊かで芸術的センスがあり、アイデアにすぐれ、プランニング能力も抜群です。変化を楽しむ人で同じことを続けるのが嫌で、すぐ飽きてします。新しいことにも関心があり、時代の最先端の情報をキャッチする能力に優れています。人が大好きで、人の縁で人生のチャンスをつかむ人が多くいます。人脈が財産のような人で、人間関係がうまくいっているときは、この世は自分を中心に回っているというほど自信が出て来ます。組織や仲間の間で人から期待されると頑張る人です。頼れる兄貴分のイメージの人。

【あなたの職業適正】

バランス感覚の優れた人で、何をさせてもそつなく出来る人です。感性が豊かでアイデアやプランニングにも優れているので、その能力を発揮できる分野に進むと意外と大成功を収めます。人が大好きなので、人をプロデュースし、またコーディネートする職業にも能力を発揮します。人と接触する接客業も好きで自分のアイデアを活かした店作りやビジネスを展開します。拡大志向が強く組織をまとめる天性の能力があります。美に関する分野も向いています。

【あなたが輝くワンポイントアドバイス】

あなたの関心事は人との付き合いです。一度しかない人生で出会った人たちとのささやかな時間を大切に過ごそうとしています。人生には出会いと別れがあるように、きっとあなた自身も一期一会の出会いを心に刻むために、今この瞬間を生きているに違いありません。

〈あなたの知りたい情報〉

心相数	基本数	ポジション数	運気数
369	369	1	3

〈あなたの特別の運命の人〉 三千年の旅をして出逢った人

1	合計して999になる人	639
2	同じ数の人	369
3	並び換えの人	639
4	受胎数・運気数グループ 9名	112 281 369 448 527 696 775 854 933

〈相性判定の基本数グループ〉 親子の流れ、恋人夫婦間、様々な相性の良い関係のグループ

基本数が同じ 639 369	123 156 189 426 459 483 729 753 786 639 213 246 279 516 549 573 819 843 876 369

〈あなたの親子の関係は〉

第一グループ	親を継ぐ数字。親との関係が深く親の面倒をみる役割。 親にみられる場合もあり、長男長女で生まれやすい。

〈組織での動きや仕事傾向〉

第一グループ	組織を大きくする能力、拡大志向。 マネジメント能力がある。組織の中で力を発揮する。

＜八犬伝グループ＞ 一生を支える支援関係、仕事などで出逢いやすい関係

中心から八方向に伸びる塗つぶした枠の中の数字の人たちが、あなたを助け、あなたが助けるという役目をもった支援関係の人たち

821	922	123	224	**325**	426	527	628	**729**
832	**933**	134	235	**336**	437	538	**639**	731
843	944	**145**	246	**347**	448	**549**	641	742
854	955	156	**257**	**358**	**459**	551	652	753
865	**966**	**167**	**268**	**369**	**461**	**562**	**663**	**764**
876	977	178	**279**	**371**	**472**	573	674	775
887	988	**189**	281	**382**	483	**584**	685	786
898	**999**	191	292	**393**	494	595	**696**	797
911	112	213	314	**415**	516	617	718	**819**

369の人

オレンジ

青

金・黄

【あなたの人生の配役・役割・使命】

語呂合わせで３－ミ、６－ロ、９－クの人で、救世主の役割を潜在的に秘めている人です。典型的な、人間関係の使命を持った人で、人のためになることをテーマとすると人生が花開きます。人間的にもバランスがよく、しかも、いろいろな能力を備えています。人が大好きで友人も多くいます。人をコーディネートする能力に優れ、友達の間では情報通として一目置かれています。変化を愛し、じっとしていることが嫌いです。新しいことへの関心も人一倍強い方で、ビジネスチャンスをつかむのが上手です。感性が豊かでアイデアマン。プランニング能力も抜群で自分で何でもやりたがります。

【あなたの職業適正】

優れたバランス感覚を持った人でいろいろな能力を兼ね備えて持っている人です。人のためになる職業を選ぶと成功しやすい人です。感性も豊かでアイデアやプランニング能力も抜群にあるので芸術的センスが生きる分野で能力を発揮します。また、人が大好きなので人をコーディネートし、またプロデュースする職業にも向いています。組織においては、人をまとめる能力があり、リーダーに向いています。

【あなたが輝くワンポイントアドバイス】

人を助け人の喜ぶことを目指してください。口ではいくらでも言えますが、実際は、そうたやすいものではありません。この人を救うという使命を運命的に与えられているのがあなたです。そのことに少しでも気付きさえすれば、運命が大きく変わっていきます。

〈あなたの知りたい情報〉

心相数	基本数	ポジション数	運気数
371	966	2	4

〈あなたの特別の運命の人〉　三千年の旅をして出逢った人

1	合計して999になる人	628
2	同じ数の人	371
3	並び換えの人	731
4	受胎数・運気数グループ 9名	123 292 371 459 538 617 786 865 944

〈相性判定の基本数グループ〉　親子の流れ、恋人夫婦間、様々な相性の良い関係のグループ

基本数が同じ 933 966	325 358 382 628 652 685 922 955 988 933 314 347 371 617 641 674 911 944 977 966

〈あなたの親子の関係は〉

第二グループ	ピンチヒッター役で、誰も親の面倒をみる人がいないと役割がまわってきます。

〈組織での動きや仕事傾向〉

第二グループ	二番手が向いている。一番手になろうとすると辛い。 番頭役や調整役に適している。

<八犬伝グループ> 一生を支える支援関係、仕事などで出逢いやすい関係

中心から八方向に伸びる塗つぶした枠の中の数字の人たちが、あなたを助け、あなたが助けるという役目をもった支援関係の人たち

832	933	134	235	336	437	538	639	731
843	944	145	246	347	448	549	641	742
854	955	156	257	358	459	551	652	753
865	966	167	268	369	461	562	663	764
876	977	178	279	**371**	472	573	674	775
887	988	189	281	382	483	584	685	786
898	999	191	292	393	494	595	696	797
911	112	213	314	415	516	617	718	819
922	123	224	325	426	527	628	729	821

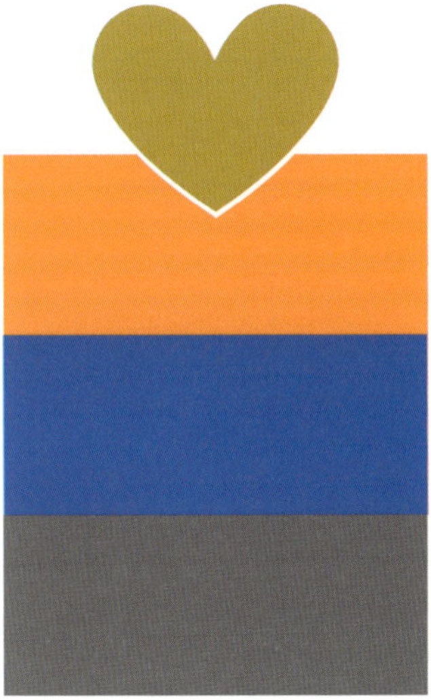

371の人

オレンジ
紺・藍色
銀

【あなたの人生の配役・役割・使命】
感性が豊かでアイデアにもすぐれ、プランニングの能力はきわめて高い人です。しかも、自分で絵を描いた事を実行に移して実現する能力も兼ね備えていて、安心して仕事を任せられる人です。仕事でも趣味でもやると決めたらとことん納得いくまで諦めないでやる人で意思が堅い面を持っています。反面、一度言い出したらテコでも動かないという頑固さがあります。いつも変化が好きで、時代の新しい最前線の情報にも関心が深いです。情報通でもあり、周りから一目置かれています。目標があると頑張る人。大小を問わずに、いつも目標を追い求めて頑張っています。

【あなたの職業適正】
感性が豊かで、芸術的センスに恵まれている人で、そのセンスを引き出して活かせる道があると絶妙に能力を発揮します。アイデアやプランニング能力にも優れているので、いろいろと提案したり絵を描いたりする役割に向いています。目的がハッキリしている職業に適しています。組織では、一番より二番手の調整役に向いているので、その立場を維持していると、ある日突然重要なポジションをまかせられることになります。

【あなたが輝くワンポイントアドバイス】
自分の夢を実現するために頑固なまでに努力しているあなた。その姿勢があなたの描いた夢を確実なものとします。人の評価は十人十色。人生は人のためにあるものではなく、あなた自身が納得するためにあるものです。人の評価を気にせず自分を信じて頑張って下さい。

〈あなたの知りたい情報〉

心相数	基本数	ポジション数	運気数
382	933	2	5

〈あなたの特別の運命の人〉　三千年の旅をして出逢った人

1	合計して999になる人	617
2	同じ数の人	382
3	並び換えの人	832
4	受胎数・運気数グループ 9名	134 213 382 461 549 628 797 876 955

〈相性判定の基本数グループ〉　親子の流れ、恋人夫婦間、様々な相性の良い関係のグループ

基本数が同じ 966 933	314 347 371 617 641 674 911 944 977 966 325 358 382 628 652 685 922 955 988 933

〈あなたの親子の関係は〉

第二グループ	ピンチヒッター役で、誰も親の面倒をみる人がいないと役割がまわってきます。

〈組織での動きや仕事傾向〉

第二グループ	二番手が向いている。一番手になろうとすると辛い。 番頭役や調整役に適している。

＜八犬伝グループ＞一生を支える支援関係、仕事などで出逢いやすい関係

中心から八方向に伸びる塗つぶした枠の中の数字の人たちが、あなたを助け、あなたが助けるという役目をもった支援関係の人たち

843	944	145	246	347	448	549	641	742
854	955	156	257	358	459	551	652	753
865	966	167	268	369	461	562	663	764
876	977	178	279	371	472	573	674	775
887	988	189	281	**382**	483	584	685	786
898	999	191	292	393	494	595	696	797
911	112	213	314	415	516	617	718	819
922	123	224	325	426	527	628	729	821
933	134	235	336	437	538	639	731	832

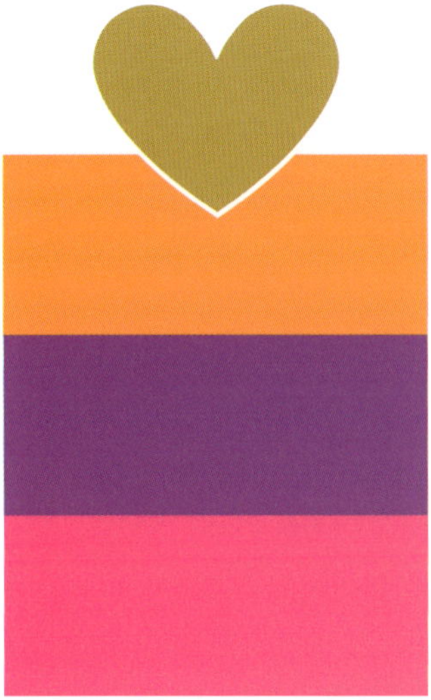

382の人

オレンジ

紫

赤・ピンク

【あなたの人生の配役・役割・使命】
感性が豊かで芸術的センスもあり、アイデアにすぐれています。夢のある大きな絵を描くことも好きで、政策立案などプランニングの能力も抜群です。いつも変化を愛し、同じことをじっとやることはあまり好きではありません。新しいことへの関心も人一倍強く、時代の最前線の情報をキャッチする能力はなかなかのものです。行動力もあり、思ったら即実行に移さないと気が済みません。自分のペースを大事にする人で、あまり人とベタベタするのは好きではありません。反面、人から認められたい、評価されたいという気持ちが強く、無視されるのが一番嫌いです。人の付き合いの中で自分の役割を認めてくれると喜んで仕事をします。

【あなたの職業適正】
新しいものを見つける力は、時代の最前線のビジネスを職業とする傾向があります。今ならコンピューター分野で活躍する人が多くいます。感性が豊かでアイデアやプランニングにも優れているので、政策立案やさまざまなイベント企画にかかわる職業にも向いています。人間関係では、ベッタリするのが得意ではないため、あまり直接的な接客業などには向いていません。

【あなたが輝くワンポイントアドバイス】
実は、ほとんどの場合、本人自身も気付いてないのですが、感性の豊かさでは誰にも負けないというほど、秘めた能力を持って生まれた人です。この能力を活かすことがあなたのテーマです。自分の秘めた能力を知ったときから、あなたの本当の人生が始まるのです。

〈あなたの知りたい情報〉

心相数	基本数	ポジション数	運気数
393	393	2	6

〈あなたの特別の運命の人〉　三千年の旅をして出逢った人

1	合計して999になる人	696
2	同じ数の人	393
3	並び換えの人	933
4	受胎数・運気数グループ 9名	145 224 393 472 551 639 718 887 966

〈相性判定の基本数グループ〉　親子の流れ、恋人夫婦間、様々な相性の良い関係のグループ

基本数が同じ 696 393	134 167 191 437 461 494 731 764 797 696 235 268 292 538 562 595 832 865 898 393

〈あなたの親子の関係は〉

第二グループ	ピンチヒッター役で、誰も親の面倒をみる人がいないと役割がまわってきます。

〈組織での動きや仕事傾向〉

第二グループ	二番手が向いている。一番手になろうとすると辛い。 番頭役や調整役に適している。

＜八犬伝グループ＞一生を支える支援関係、仕事などで出逢いやすい関係

中心から八方向に伸びる塗つぶした枠の中の数字の人たちが、あなたを助け、あなたが助けるという役目をもった支援関係の人たち

854	955	156	257	358	459	551	652	753
865	966	167	268	369	461	562	663	764
876	977	178	279	371	472	573	674	775
887	988	189	281	382	483	584	685	786
898	999	191	292	**393**	494	595	696	797
911	112	213	314	415	516	617	718	819
922	123	224	325	426	527	628	729	821
933	134	235	336	437	538	639	731	832
944	145	246	347	448	549	641	742	843

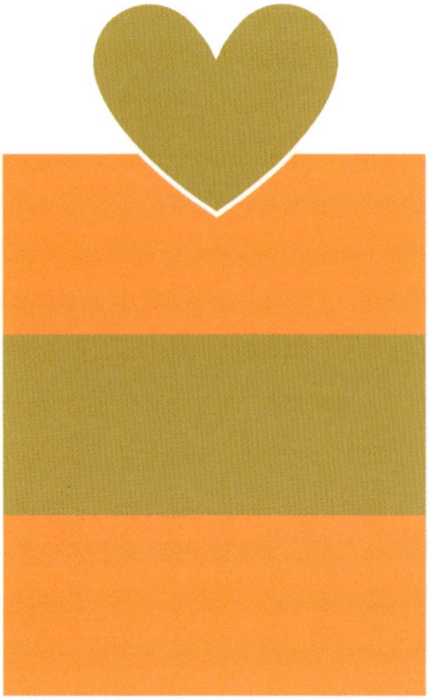

393の人

オレンジ
金・黄
オレンジ

【あなたの人生の配役・役割・使命】

強烈な個性の持ち主が多く、想像力が豊かで感性もあり芸術的なセンスに優れている。アイデアやプランニング能力には天性のものがあります。いつも変化を愛し、一つのことにじっとしていることが嫌いです。新しいことに関心が高く、時代の最前線の情報には敏感です。行動力は抜群にあり、思ったことは即実行に移さないと気がすみません。自分を中心に世の中がまわっているという気持ちが強く、いつも人の輪の中心に居たがります。なんとなくパワフルな雰囲気があり、人をひきつける魅力をもった人です。人に使われるのが嫌いです。独立心旺盛でもあります。

【あなたの職業適正】

感性と行動力で活躍している人が多い。特にプランニング能力は天性のものがあり、政策立案やいろいろなイベントの企画に能力を発揮します。組織の中ではいつも中心にいたがる人なので、大衆を相手にした職業に向いています。人生をポジティブ（肯定的）に考える人が多いので、壮大な夢を描くことができます。

【あなたが輝くワンポイントアドバイス】

感性の豊かさとパワフルな行動力は申し分なく天性の備わったものです。他人があこがれても、決して手に入れることが出来るものではありません。自分の人生のために使うのも良いでしょうが、あなたに期待する周りの人のためにも頑張ってみてください。

〈あなたの知りたい情報〉

心相数	基本数	ポジション数	運気数
415	663	2	9

〈あなたの特別の運命の人〉　三千年の旅をして出逢った人

1	合計して999になる人	584
2	同じ数の人	415
3	並び換えの人	145
4	受胎数・運気数グループ 9名	178 257 336 415 584 663 742 821 999

〈相性判定の基本数グループ〉　親子の流れ、恋人夫婦間、様々な相性の良い関係のグループ

基本数が同じ 336 663	224 257 281 527 551 584 821 854 887 336 112 145 178 415 448 472 718 742 775 663

〈あなたの親子の関係は〉

第二グループ	ピンチヒッター役で、誰も親の面倒をみる人がいないと役割がまわってきます。

〈組織での動きや仕事傾向〉

第二グループ	二番手が向いている。一番手になろうとすると辛い。 番頭役や調整役に適している。

＜八犬伝グループ＞一生を支える支援関係、仕事などで出逢いやすい関係

中心から八方向に伸びる塗つぶした枠の中の数字の人たちが、あなたを助け、あなたが助けるという役目をもった支援関係の人たち

865	966	167	268	369	461	562	663	764
876	977	178	279	371	472	573	674	775
887	988	189	281	382	483	584	685	786
898	999	191	292	393	494	595	696	797
911	112	213	314	**415**	516	617	718	819
922	123	224	325	426	527	628	729	821
933	134	235	336	437	538	639	731	832
944	145	246	347	448	549	641	742	843
955	156	257	358	459	551	652	753	854

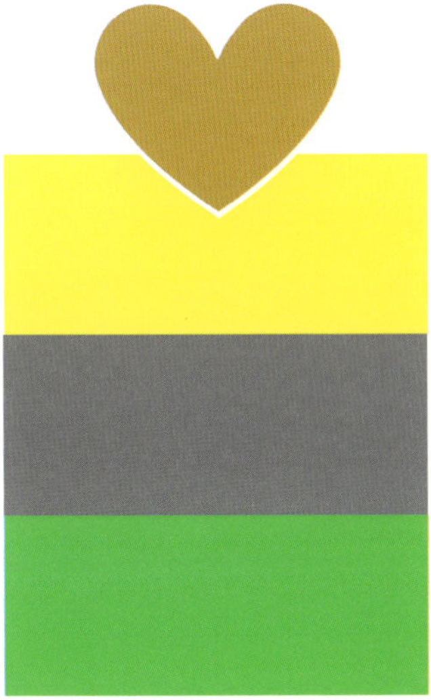

415の人

黄
銀
緑

【あなたの人生の配役・役割・使命】

人脈の人です。人の縁で人生のチャンスを手にします。人が大好きで友人も多い方です。人間関係がうまくいっていると、この世は自分を中心にまわっていると思うほど自信がわいてきます。逆に人間関係がトラブルと人一倍ダメージが大きい人です。直観力に優れ、ものごとの判断は初めの閃きが正解の場合が多く、当たり外れのはっきりしている人です。また、行動力の人で思ったことは即実行に移さないと気が済みません。じっとしているのが嫌いです。親分肌のところがあり、周りから頼られると嬉しくなります。感動的な場面に出会うと涙もろい人情家でもあります。気配り上手で人の調整能力は抜群です。

【あなたの職業適正】

分野を問わず、人の縁でチャンスを得て仕事をする人です。人と交流し人をコーディネートする職業が良いでしょう。人の調整役に長けた人で、一番手より二番手の位置にいるほうが楽で、いつのまにか重要な役割が回って来ます。また、直感と行動力の人ですから、動きのある職業で能力を発揮します。芸術や芸能の才能も豊かな人で、芸術や美に関する分野にも向いています。メディアに関する仕事も向いています。

【あなたが輝くワンポイントアドバイス】

あなたの天性の才能は人に愛されて、人との付き合いから情報を得て人生のチャンスを掴んで行きます。これは人が真似してできることではありません。これからも今まで以上に人との付き合いを大切にしてください。

〈あなたの知りたい情報〉

心相数	基本数	ポジション数	運気数
426	639	1	1

〈あなたの特別の運命の人〉　三千年の旅をして出逢った人

1	合計して999になる人	573
2	同じ数の人	426
3	並び換えの人	246
4	受胎数・運気数グループ 9名	189 268 347 426 595 674 753 832 911

〈相性判定の基本数グループ〉　親子の流れ、恋人夫婦間、様々な相性の良い関係のグループ

基本数が同じ 369 639	213 246 279 516 549 573 819 843 876 369 123 156 189 426 459 483 729 753 786 639

〈あなたの親子の関係は〉

第一グループ	親を継ぐ数字。親との関係が深く親の面倒をみる役割。 親にみられる場合もあり、長男長女で生まれやすい。

〈組織での動きや仕事傾向〉

第一グループ	組織を大きくする能力、拡大志向。 マネジメント能力がある。組織の中で力を発揮する。

<八犬伝グループ> 一生を支える支援関係、仕事などで出逢いやすい関係

中心から八方向に伸びる塗つぶした枠の中の数字の人たちが、あなたを助け、あなたが助けるという役目をもった支援関係の人たち

876	977	178	279	371	472	573	674	775
887	988	189	281	382	483	584	685	786
898	999	191	292	393	494	595	696	797
911	112	213	314	415	516	617	718	819
922	123	224	325	**426**	527	628	729	821
933	134	235	336	437	538	639	731	832
944	145	246	347	448	549	641	742	843
955	156	257	358	459	551	652	753	854
966	167	268	369	461	562	663	764	865

426の人

黄
赤・ピンク
青

【あなたの人生の配役・役割・使命】

行動力抜群の人で、じっとしているのが嫌い。人の縁が深く、周りの人から可愛がられて人生のチャンスを手にします。人が大好きで友人も多くいます。人をコーディネートする能力は抜群です。親分肌で皆から頼られると嬉しくなります。心の温かい人が多く、感動的な場面では涙もろい人情家です。女性の場合は肝っ玉母さんのような、頼りがいのある人が多く、周りを温かい雰囲気にします。また、直観力にもすぐれ、物事の判断は初めの閃きが正しい答えとなる場合が多くあります。

【あなたの職業適正】

行動力があり、人が好きで、人から支援されて人生のチャンスを築く人です。人とかかわりの深い人ですから、人の信頼によって仕事するような職業が向いています。友達も多い人なので人の縁で仕事をとってくることになります。人の面倒見が良いので、接客業にも向いています。また、人をコーディネートすることやプロデュースするような職業などにも能力を発揮します。感性も豊かでアイデアにも優れているので、芸術分野、女性の美、マスコミ、出版界も向いています。

【あなたが輝くワンポイントアドバイス】

人生のいろいろな場面では、どうしても判断が必要な場合があります。あなたには、行動的でアイデアにすぐれ、人に慕われるという天性の長所があります。自分自身の資質を信じ、直感を信じさえすれば、きっと正しい答えが見つかるはずです。

〈あなたの知りたい情報〉

心相数	基本数	ポジション数	運気数
437	696	1	2

〈あなたの特別の運命の人〉　三千年の旅をして出逢った人

1	合計して999になる人	562
2	同じ数の人	437
3	並び換えの人	347
4	受胎数・運気数グループ 9名	191 279 358 437 516 685 764 843 922

〈相性判定の基本数グループ〉　親子の流れ、恋人夫婦間、様々な相性の良い関係のグループ

基本数が同じ 393 696	235 268 292 538 562 595 832 865 898 393 134 167 191 437 461 494 731 764 797 696

〈あなたの親子の関係は〉

第一グループ	親を継ぐ数字。親との関係が深く親の面倒をみる役割。 親にみられる場合もあり、長男長女で生まれやすい。

〈組織での動きや仕事傾向〉

第一グループ	組織を大きくする能力、拡大志向。 マネジメント能力がある。組織の中で力を発揮する。

＜八犬伝グループ＞ 一生を支える支援関係、仕事などで出逢いやすい関係

中心から八方向に伸びる塗つぶした枠の中の数字の人たちが、あなたを助け、あなたが助けるという役目をもった支援関係の人たち

887	988	189	281	382	483	584	685	786
898	999	191	292	393	494	595	696	797
911	112	213	314	415	516	617	718	819
922	123	224	325	426	527	628	729	821
933	134	235	336	**437**	538	639	731	832
944	145	246	347	448	549	641	742	843
955	156	257	358	459	551	652	753	854
966	167	268	369	461	562	663	764	865
977	178	279	371	472	573	674	775	876

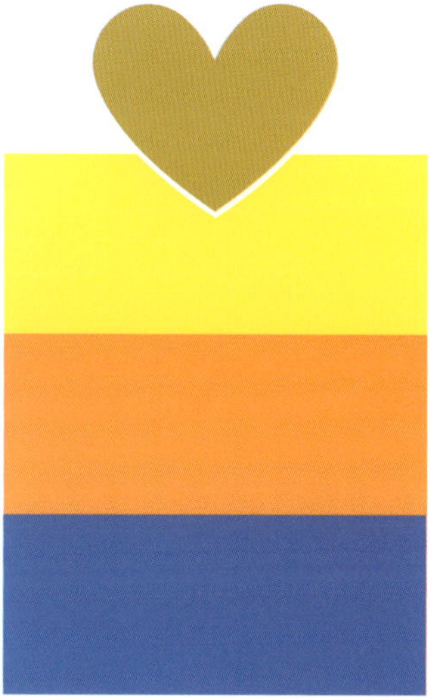

437の人

黄
オレンジ
紺・藍色

【あなたの人生の配役・役割・使命】

行動力のある人で仕事の手順が早い人です。仕事の用件や用事などがあると、なるべく早めに片付けようとします。そのためにじっとするのが嫌いで、ただちに実行に移します。直観力にすぐれた人で、当たり外れがハッキリしています。人の縁が強い人で、周りからかわいがられて人生のチャンスを手にすることが多くあります。人から頼まれた事は責任をもってやるために、周囲の評価は絶大です。人が好きで友達も多くいます。親分肌で皆の面倒見が良い人です。感動的な場面では人一倍涙もろい人情家です。美に対する感性も豊かで芸術的センスがあります。

【あなたの職業適正】

人が大好きで行動力があり、仕事をまかせると責任をもってやり遂げるあなたは、どんな職場や組織においても重要で貴重な存在です。感性も豊かで芸術的センスもあるので、それを活かせる職業に向いています。組織の中では、みんなから信頼されて、組織の責任者になり易いタイプです。直観力や閃きの能力も抜群にあるので起業家としての才能も十分です。人にかかわる職業にも向いています。

【あなたが輝くワンポイントアドバイス】

行動的でアイデアに優れ責任感も旺盛なあなたは、これほど安心して仕事を任せられる人は他にいません。申し分なくリーダーの役です。あなた自身がその才能に気付けば、組織においてもプライベートにおいても、安心して自分の世界を築くことができます。

〈あなたの知りたい情報〉

心相数	基本数	ポジション数	運気数
448	663	2	3

〈あなたの特別の運命の人〉 三千年の旅をして出逢った人

1	合計して999になる人	551
2	同じ数の人	448
3	並び換えの人	448
4	受胎数・運気数グループ 9名	112 281 369 448 527 696 775 854 933

〈相性判定の基本数グループ〉 親子の流れ、恋人夫婦間、様々な相性の良い関係のグループ

基本数が同じ 336 663	224 257 281 527 551 584 821 854 887 336 112 145 178 415 448 472 718 742 775 663

〈あなたの親子の関係は〉

第二グループ	ピンチヒッター役で、誰も親の面倒をみる人がいないと役割がまわってきます。

〈組織での動きや仕事傾向〉

第二グループ	二番手が向いている。一番手になろうとすると辛い。 番頭役や調整役に適している。

<八犬伝グループ> 一生を支える支援関係、仕事などで出逢いやすい関係

中心から八方向に伸びる塗つぶした枠の中の数字の人たちが、あなたを助け、あなたが助けるという役目をもった支援関係の人たち

898	999	191	292	393	494	595	696	797
911	112	213	314	415	516	617	718	819
922	123	224	325	426	527	628	729	821
933	134	235	336	437	538	639	731	832
944	145	246	347	**448**	549	641	742	843
955	156	257	358	459	551	652	753	854
966	167	268	369	461	562	663	764	865
977	178	279	371	472	573	674	775	876
988	189	281	382	483	584	685	786	887

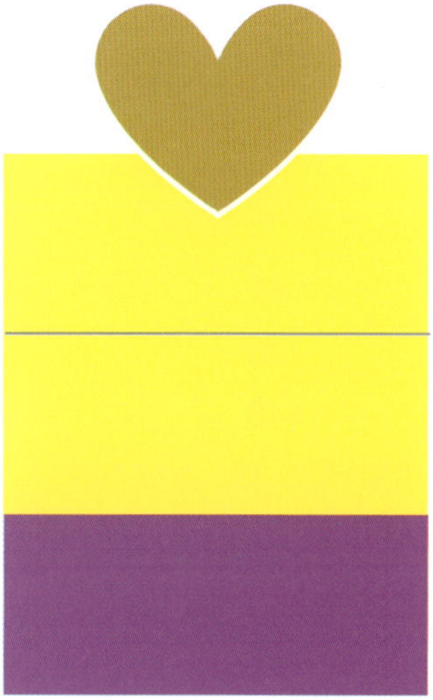

448の人

黄
黄
紫

【あなたの人生の配役・役割・使命】

心優しき人で、周りの人間関係に支えられて生きています。人の縁が強く、人のご縁で人生のチャンスを手にします。人間関係が上手くいっていると、この世は自分を中心にまわっていると思うほど自信がわいてきます。一にも二にも人間関係が財産の人です。親分肌であり、皆から頼られると嬉しくなります。お金があると奢ってしまうのでお金が貯まりません。心がふれあう感動的な場面では人一倍涙もろい人情家です。人から無視されるのが一番辛く、仕切り役や幹事役をさせると能力を発揮します。組織においては、人を調整する能力があり、周りからの信頼も厚い人です。

【あなたの職業適正】

人を大切にするのが、あなたの仕事や生き方の鉄則です。親分肌で調整能力に優れているので、人を導く職業や役割に適しています。人から頼りにされ、また期待されるのが好きなため、幹事役や仕切り役に適しています。感性が豊かで直観力に優れているので、情報を選択する職業にも能力を発揮します。編集業務、政治家、経営者、会計や税務に適し、組織の調整役や番頭役、感性やアイデアを活かす職業にも向いています。

【あなたが輝くワンポイントアドバイス】

人との付き合いが財産のような人ですので、一にも二にも人を大切にすることがあなたの人生を切り開くテーマになります。人生で悩んだときには、あなたに期待し、あなたを見守っている多くの人達の存在を忘れないでください。

〈あなたの知りたい情報〉

心相数	基本数	ポジション数	運気数
459	639	2	4

〈あなたの特別の運命の人〉 三千年の旅をして出逢った人

1	合計して999になる人	549
2	同じ数の人	459
3	並び換えの人	549
4	受胎数・運気数グループ 9名	123 292 371 459 538 617 786 865 944

〈相性判定の基本数グループ〉 親子の流れ、恋人夫婦間、様々な相性の良い関係のグループ

基本数が同じ 369 639	213 246 279 516 549 573 819 843 876 369 123 156 189 426 459 483 729 753 786 639

〈あなたの親子の関係は〉

第二グループ	ピンチヒッター役で、誰も親の面倒をみる人がいないと役割がまわってきます。

〈組織での動きや仕事傾向〉

第二グループ	二番手が向いている。一番手になろうとすると辛い。 番頭役や調整役に適している。

<八犬伝グループ> 一生を支える支援関係、仕事などで出逢いやすい関係

中心から八方向に伸びる塗つぶした枠の中の数字の人たちが、あなたを助け、あなたが助けるという役目をもった支援関係の人たち

911	112	213	314	415	516	617	718	819
922	123	224	325	426	527	628	729	821
933	134	235	336	437	538	639	731	832
944	145	246	347	448	549	641	742	843
955	156	257	358	**459**	551	652	753	854
966	167	268	369	461	562	663	764	865
977	178	279	371	472	573	674	775	876
988	189	281	382	483	584	685	786	887
999	191	292	393	494	595	696	797	898

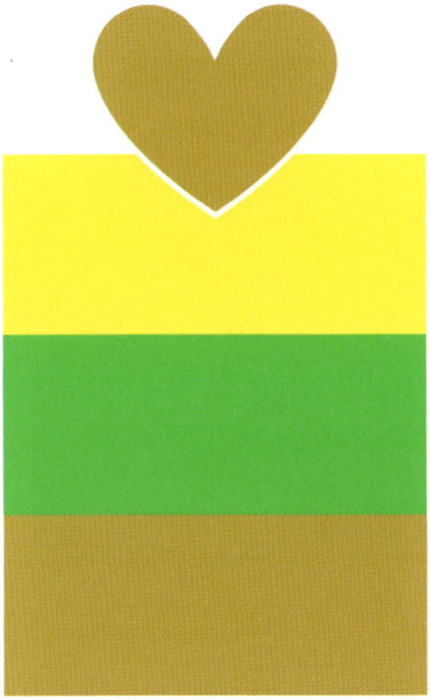

459の人

黄
緑
金・黄

【あなたの人生の配役・役割・使命】
典型的に人の縁が深い人です。小さい頃から人が大好きで友達も沢山います。いつも人に可愛がられて良いチャンスを頂いています。人間関係が上手くいっていると、心から充実し、自信が湧いてきます。逆に、人間関係がトラブルと、これ程ダメージのある人もいません。また、親分肌で、周りから兄さん、姉さんと慕われるほど人の面倒見が良い人です。お金もよく使うので貯まりません。気持ちが温かくて広いので、人情の機微に触れると人一倍涙を流します。行動力も抜群です。じっとしていることが嫌いです。

【あなたの職業適正】
人の調整役を最大の役割として持っている人です。組織ではまとめ役として天性の能力を発揮します。また、人が大好きで友達も多いので、人の縁で仕事をすることが多い。人事や総務、人の信用を前提とした営業に適しています。人が財産のような人ですから、人とかかわる接客業にも適しています。感性が豊かでアイデアもあるので、感性にかかわる横文字職業にも能力を発揮します。人を育て、また世話する分野にも適しています。

【あなたが輝くワンポイントアドバイス】
人の役割にはいろいろありますが、あなたほど人に支えられ期待されている人は他にいません。人を包み込む優しさは天性の資質です。気配りで気疲れする場合には、少しだけ、いい加減になる事も必要です。自分でやっていたことを人に任せてみるのも良いでしょう。

〈あなたの知りたい情報〉

心相数	基本数	ポジション数	運気数
461	696	3	5

〈あなたの特別の運命の人〉　三千年の旅をして出逢った人

1	合計して999になる人	538
2	同じ数の人	461
3	並び換えの人	641
4	受胎数・運気数グループ 9名	134 213 382 461 549 628 797 876 955

〈相性判定の基本数グループ〉　親子の流れ、恋人夫婦間、様々な相性の良い関係のグループ

基本数が同じ 393 696	235 268 292 538 562 595 832 865 898 393 134 167 191 437 461 494 731 764 797 696

〈あなたの親子の関係は〉

第三グループ	親を愛していないわけではないのですが、親元を離れていく傾向が強く、用事のあるときだけ帰ります。

〈組織での動きや仕事傾向〉

第三グループ	組織に拘らない、執着もうすい。納得のいく仕事がテーマ。人と同じにみられるのが嫌いで、開拓者精神旺盛。

<八犬伝グループ> 一生を支える支援関係、仕事などで出逢いやすい関係

中心から八方向に伸びる塗つぶした枠の中の数字の人たちが、あなたを助け、あなたが助けるという役目をもった支援関係の人たち

922	123	224	325	426	527	628	729	821
933	134	235	336	437	538	639	731	832
944	145	246	347	448	549	641	742	843
955	156	257	358	459	551	652	753	854
966	167	268	369	**461**	562	663	764	865
977	178	279	371	472	573	674	775	876
988	189	281	382	483	584	685	786	887
999	191	292	393	494	595	696	797	898
112	213	314	415	516	617	718	819	911

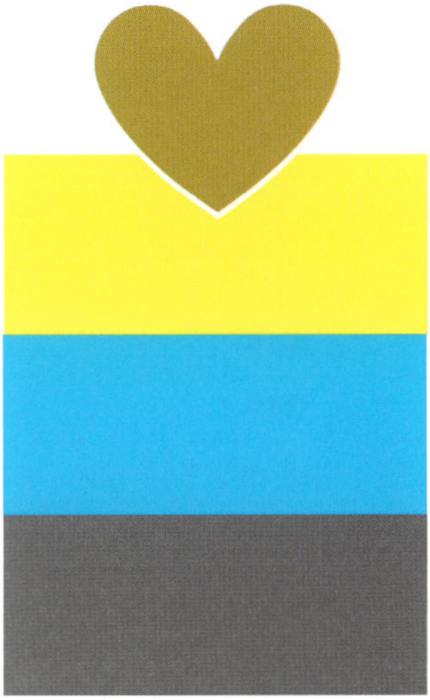

461の人

黄 青 銀

【あなたの人生の配役・役割・使命】

人との縁で成功をおさめ幸せになる人です。行動力も抜群にあるので、家にじっとしているより出歩くことが好きな人です。親分肌で人の面倒見が良いので、周りから絶大に信頼されています。人に支えられて人生のチャンスをいただいている人。人間関係がうまくいっていると、これ程充実して光輝いている人もいません。人をコーディネートする能力があり、友達の間では情報通で通っています。人から相談ごとをもちかけられることが多いのでトラブル処理の役割も演じています。感性も豊かで芸術的センスがあります。

【あなたの職業適正】

人との縁が深い人ですから人とのかかわりで仕事を得ることになります。開拓者精神が旺盛な人ですから、自分の世界を築きたがります。自ら新しいことを工夫するタイプです。人が大好きで、人をコーディネートし、またプロデュースする分野でも能力を発揮します。接客業も向いています。感性が豊かですので芸術的な職業にも向いています。

【あなたが輝くワンポイントアドバイス】

行動力があり人に恵まれているあなたは、良い目標があると能力が全開します。確実に目標を得るには、人を大切にすることが必要です。あなたが人にして欲しいと思っていることを相手にしてあげる、これがポイントです。

〈あなたの知りたい情報〉

心相数	基本数	ポジション数	運気数
472	663	2	6

〈あなたの特別の運命の人〉 三千年の旅をして出逢った人

1	合計して999になる人	527
2	同じ数の人	472
3	並び換えの人	742
4	受胎数・運気数グループ 9名	145 224 393 472 551 639 718 887 966

〈相性判定の基本数グループ〉 親子の流れ、恋人夫婦間、様々な相性の良い関係のグループ

基本数が同じ 336 663	224 257 281 527 551 584 821 854 887 336 112 145 178 415 448 472 718 742 775 663

〈あなたの親子の関係は〉

第二グループ	ピンチヒッター役で、誰も親の面倒をみる人がいないと役割がまわってきます。

〈組織での動きや仕事傾向〉

第二グループ	二番手が向いている。一番手になろうとすると辛い。 番頭役や調整役に適している。

<八犬伝グループ> 一生を支える支援関係、仕事などで出逢いやすい関係

中心から八方向に伸びる塗つぶした枠の中の数字の人たちが、あなたを助け、あなたが助けるという役目をもった支援関係の人たち

933	134	235	336	437	538	639	731	832
944	145	246	347	448	549	641	742	843
955	156	257	358	459	551	652	753	854
966	167	268	369	461	562	663	764	865
977	178	279	371	**472**	573	674	775	876
988	189	281	382	483	584	685	786	887
999	191	292	393	494	595	696	797	898
112	213	314	415	516	617	718	819	911
123	224	325	426	527	628	729	821	922

472の人

黄

紺・藍色

赤・ピンク

【あなたの人生の配役・役割・使命】

行動力抜群でなんとなく周りで目立っている人です。仕事でもプライベートでも思ったら即実行に移さないと気が済まないので、物事の処理が早い人です。与えられた仕事に関しては責任をもってやり遂げるので、周りからの信頼が厚く、仕事のできる人という印象があります。仕事でも趣味でもやりはじめると納得いくまで諦めないという意思の強さがあります。若いときから自分の世界を築こうと努力し成功をおさめる人が多くいます。感性が豊かで芸術的なセンスのある人でアイデアにも優れています。

【あなたの職業適正】

行動力が抜群にあるので動きのある職業にも向いています。営業などでも能力を発揮します。感性も豊かでアイデアにも優れているので、プランニング能力にもすぐれています。芸術方面で能力を開花する人も多い。感性の横文字職業に従事する人もいます。人も好きで人の縁でチャンスを得やすいので、人と関わる接客業なども良いでしょう。人を調整する能力に長けているため、人をまとめるような立場や職業に適しています。

【あなたが輝くワンポイントアドバイス】

現実主義者のあなたにとっては、この世は楽しむためにあるものという意識が強いです。だからこそ、あなたはこの一瞬一瞬を大切にしなければならないのです。人の出会いも一期一会。今あなたが進めている事柄も今この瞬間が勝負です。

〈あなたの知りたい情報〉

心相数	基本数	ポジション数	運気数
483	639	3	7

〈あなたの特別の運命の人〉　三千年の旅をして出逢った人

1	合計して999になる人	516
2	同じ数の人	483
3	並び換えの人	843
4	受胎数・運気数グループ 9名	156 235 314 483 562 641 729 898 977

〈相性判定の基本数グループ〉　親子の流れ、恋人夫婦間、様々な相性の良い関係のグループ

基本数が同じ 369 639	213 246 279 516 549 573 819 843 876 369 123 156 189 426 459 483 729 753 786 639

〈あなたの親子の関係は〉

第三グループ	親を愛していないわけではないのですが、親元を離れていく傾向が強く、用事のあるときだけ帰ります。

〈組織での動きや仕事傾向〉

第三グループ	組織に拘らない、執着もうすい。納得のいく仕事がテーマ。人と同じにみられるのが嫌いで、開拓者精神旺盛。

<八犬伝グループ> 一生を支える支援関係、仕事などで出逢いやすい関係

中心から八方向に伸びる塗つぶした枠の中の数字の人たちが、あなたを助け、あなたが助けるという役目をもった支援関係の人たち

944	145	246	347	448	549	641	742	843
955	156	257	358	459	551	652	753	854
966	167	268	369	461	562	663	764	865
977	178	279	371	472	573	674	775	876
988	189	281	382	**483**	584	685	786	887
999	191	292	393	494	595	696	797	898
112	213	314	415	516	617	718	819	911
123	224	325	426	527	628	729	821	922
134	235	336	437	538	639	731	832	933

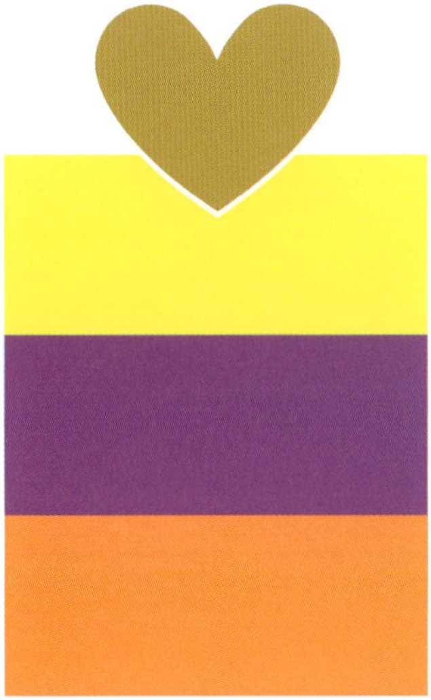

483の人

黄

紫

オレンジ

【あなたの人生の配役・役割・使命】
色々な面を持っている人です。行動力があり、思ったら即実行に移さないと気が済みません。じっとしていることが嫌いです。いつも変化をしている事が好きで、新しい事にも関心が深い人です。時代の最前線の情報をキャッチする能力は人一倍すぐれています。また、直観力にも優れ、物事の判断では初めに閃いたことが正しい答えの場合が多い人です。親分肌で皆から頼られると嬉しくなります。感動的な場面をみると涙もろい人情家でもあります。人から無視されるのが一番辛い人です。自分の役割があり、周りから期待されると頑張る人です。組織にこだわらない開拓者精神旺盛な人です。

【あなたの職業適正】
感性が豊かで芸術センスも抜群な人ですので、その能力を活かせる職業に適しています。アイデアもあり、プランニング能力も優れているので、組織においても企画やイベント分野で能力を発揮します。人の縁も深い人ですので、サービス業や接客業にも向いています。人と同じことをするのが嫌いで開拓者精神も旺盛ですので、新しいアイデアを活かした仕事をしたがる人です。

【あなたが輝くワンポイントアドバイス】
夢をいっぱい持っているあなたです。あなたが考えていることは決してはるか遠くにあるものではなく、いつもあなたの身近にあって、手招きをしているものです。現実化するか否かは、あなたの心次第です。

〈あなたの知りたい情報〉

心相数	基本数	ポジション数	運気数
494	696	2	8

〈あなたの特別の運命の人〉　三千年の旅をして出逢った人

1	合計して999になる人	595
2	同じ数の人	494
3	並び換えの人	944
4	受胎数・運気数グループ 9名	167 246 325 494 573 652 731 819 988

〈相性判定の基本数グループ〉　親子の流れ、恋人夫婦間、様々な相性の良い関係のグループ

基本数が同じ 393 696	235 268 292 538 562 595 832 865 898 393 134 167 191 437 461 494 731 764 797 696

〈あなたの親子の関係は〉

第二グループ	ピンチヒッター役で、誰も親の面倒をみる人がいないと役割がまわってきます。

〈組織での動きや仕事傾向〉

第二グループ	二番手が向いている。一番手になろうとすると辛い。 番頭役や調整役に適している。

＜八犬伝グループ＞ 一生を支える支援関係、仕事などで出逢いやすい関係

中心から八方向に伸びる塗つぶした枠の中の数字の人たちが、あなたを助け、あなたが助けるという役目をもった支援関係の人たち

955	156	257	358	459	551	652	753	854
966	167	268	369	461	562	663	764	865
977	178	279	371	472	573	674	775	876
988	189	281	382	483	584	685	786	887
999	191	292	393	**494**	595	696	797	898
112	213	314	415	516	617	718	819	911
123	224	325	426	527	628	729	821	922
134	235	336	437	538	639	731	832	933
145	246	347	448	549	641	742	843	944

494の人

黄

金・黄

黄

【あなたの人生の配役・役割・使命】
ビジネスの最前線で活躍している人が多い。思ったら即実行の人でじっとしているのが嫌い。なんでも自分でやらないと気が済まないので、自ら動き回るのも苦になりません。自分の能力や目線を人に求める傾向があります。直感に優れた人。ただし、慎重さより数撃てば当たるという人で、物事のあたりはずれがハッキリしています。人とのご縁が深い人で、人の支えで人生のチャンスをいただき成功します。親分肌の人でもあり、皆から慕われると嬉しくなります。涙もろい人情家の面があります。

【あなたの職業適正】
行動力のかたまりのような人です。思ったら即実行に移さないと気がすまないので、ビジネスでは成功を納め易い人です。営業の能力は天性のものがあります。ビジネスでは創業者の器で業績を残す人が多くいます。人の縁が深く人が大好きなので、人と接触する職業や人を相手とするサービス業に向いています。直観力に優れているので、時代の最前線の情報をキャッチする立場で能力が発揮されます。

【あなたが輝くワンポイントアドバイス】
あなたは周りの人も感心するほど素晴しい行動力の持ち主です。おそらく行動力という点では、あなたの右に出る人はいません。あなたが手に入れようとしている人生の目標は何ですか。目先だけでなく、十年後を意識したときに本当の人生がはじまります。

〈あなたの知りたい情報〉

心相数	基本数	ポジション数	運気数
516	369	3	2

〈あなたの特別の運命の人〉　三千年の旅をして出逢った人

1	合計して999になる人	483
2	同じ数の人	516
3	並び換えの人	156
4	受胎数・運気数グループ 9名	191 279 358 437 516 685 764 843 922

〈相性判定の基本数グループ〉　親子の流れ、恋人夫婦間、様々な相性の良い関係のグループ

基本数が同じ 639 369	123 156 189 426 459 483 729 753 786 639 213 246 279 516 549 573 819 843 876 369

〈あなたの親子の関係は〉

第三グループ	親を愛していないわけではないのですが、親元を離れていく傾向が強く、用事のあるときだけ帰ります。

〈組織での動きや仕事傾向〉

第三グループ	組織に拘らない、執着もうすい。納得のいく仕事がテーマ。人と同じにみられるのが嫌いで、開拓者精神旺盛。

＜八犬伝グループ＞ 一生を支える支援関係、仕事などで出逢いやすい関係

中心から八方向に伸びる塗つぶした枠の中の数字の人たちが、あなたを助け、あなたが助けるという役目をもった支援関係の人たち

966	167	268	369	461	562	663	764	865
977	178	279	371	472	573	674	775	876
988	189	281	382	483	584	685	786	887
999	191	292	393	494	595	696	797	898
112	213	314	415	**516**	617	718	819	911
123	224	325	426	527	628	729	821	922
134	235	336	437	538	639	731	832	933
145	246	347	448	549	641	742	843	944
156	257	358	459	551	652	753	854	955

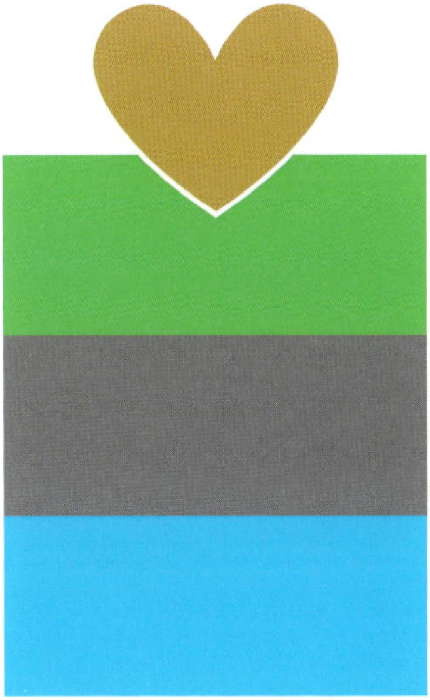

516の人

緑

銀

青

【あなたの人生の配役・役割・使命】

人脈の数字で、人間関係に縁のある人です。人が好きだと、皆に可愛がられて人生が上手く行きます。本来は、人が好きで友達も多い人です。人間関係が上手く行くと、この世は自分中心で回っているというほど自信がわいてきます。人をコーディネートする事が得意で、友人からも信頼が厚い人です。気配り上手の反面、ときどき気疲れするところもあります。小さいときから目標があるとパワフルで充実し輝いてみえます。あまり組織にこだわらず、自分の行きたいところに羽ばたいて行ける人です。人と同じ事をすることは嫌で、いつも開拓者の気持ちを持っています。

【あなたの職業適正】

あなたは人にかかわる分野で能力を発揮します。接客業、サービス業などに向いています。気配り上手でいろいろなことにこまめに気が付くので、組織にとっては貴重な人です。人からかわいがられて仕事のチャンスをいただくことが多い人です。周りを調整する役割があります。開拓者精神も旺盛なために自分で事業をはじめる人もいます。人をコーディネートする分野や人に教える職業にも向いています。事務的な仕事も苦になりません。

【あなたが輝くワンポイントアドバイス】

人との付き合いが財産のあなたです。あなたの人生は人の縁の上に築かれています。あなたの人生最大のテーマは人を大切にすることです。人生というものは人との付き合いの仕方で良いものになるか悔いを残すものになるかに分かれます。

〈あなたの知りたい情報〉

心相数	基本数	ポジション数	運気数
527	336	2	3

〈あなたの特別の運命の人〉　三千年の旅をして出逢った人

1	合計して999になる人	472
2	同じ数の人	527
3	並び換えの人	257
4	受胎数・運気数グループ 9名	112 281 369 448 527 696 775 854 933

〈相性判定の基本数グループ〉　親子の流れ、恋人夫婦間、様々な相性の良い関係のグループ

基本数が同じ 663 336	112 145 178 415 448 472 718 742 775 663 224 257 281 527 551 584 821 854 887 336

〈あなたの親子の関係は〉

第二グループ	ピンチヒッター役で、誰も親の面倒をみる人がいないと役割がまわってきます。

〈組織での動きや仕事傾向〉

第二グループ	二番手が向いている。一番手になろうとすると辛い。 番頭役や調整役に適している。

<八犬伝グループ> 一生を支える支援関係、仕事などで出逢いやすい関係

中心から八方向に伸びる塗つぶした枠の中の数字の人たちが、あなたを助け、あなたが助けるという役目をもった支援関係の人たち

977	178	279	371	472	573	674	775	876
988	189	281	382	483	584	685	786	887
999	191	292	393	494	595	696	797	898
112	213	314	415	516	617	718	819	911
123	224	325	426	**527**	628	729	821	922
134	235	336	437	538	639	731	832	933
145	246	347	448	549	641	742	843	944
156	257	358	459	551	652	753	854	955
167	268	369	461	562	663	764	865	966

527の人

緑
赤・ピンク
紺・藍色

【あなたの人生の配役・役割・使命】
人が大好き、周りの人からチャンスをいただいて成功する人です。友人も多く、人があなたの元に集まって来ます。気配り上手で感性が豊かなあなたは、人を引きつける優しさがあり、周りを調整する能力は天性のものがあります。人間関係がうまくいっていると、世の中が自分を中心に回っているというほど自信がわいて来ます。現実主義者の一面もあり、この世をいかに楽しむかがテーマになっています。趣味でも仕事でもやりはじめたら、とことん納得いくまで諦めません。反面、一度言い出したらテコでも動かないといった意外と頑固な面もあります。責任感が強く人を裏切らない人です。

【あなたの職業適正】
人との関係で人生のチャンスを得る人で、人にかかわる分野に向いています。人が自然に集まってくるので、人の情報を活かした分野が天職です。営業では人から信頼を得て仕事を得ます。組織の中では、一番より二番のほうが楽で、番頭役や調整役に適しています。感性も豊かでアイデアも十分にあるので、芸術的な分野でも能力を発揮します。

【あなたが輝くワンポイントアドバイス】
あなたはいつも、この世を如何に楽しむかを考えている人です。だからこそ、人一倍、今のこの瞬間を大切にせざるを得ません。すばらしい人生を手に入れるには一にも二にも人の縁を大切にすることです。

〈あなたの知りたい情報〉

心相数	基本数	ポジション数	運気数
538	393	3	4

〈あなたの特別の運命の人〉　三千年の旅をして出逢った人

1	合計して999になる人	461
2	同じ数の人	538
3	並び換えの人	358
4	受胎数・運気数グループ 9名	123 292 371 459 538 617 786 865 944

〈相性判定の基本数グループ〉　親子の流れ、恋人夫婦間、様々な相性の良い関係のグループ

基本数が同じ 696 393	134 167 191 437 461 494 731 764 797 696 235 268 292 538 562 595 832 865 898 393

〈あなたの親子の関係は〉

第三グループ	親を愛していないわけではないのですが、親元を離れていく傾向が強く、用事のあるときだけ帰ります。

〈組織での動きや仕事傾向〉

第三グループ	組織に拘らない、執着もうすい。納得のいく仕事がテーマ。人と同じにみられるのが嫌いで、開拓者精神旺盛。

＜八犬伝グループ＞一生を支える支援関係、仕事などで出逢いやすい関係

中心から八方向に伸びる塗つぶした枠の中の数字の人たちが、あなたを助け、あなたが助けるという役目をもった支援関係の人たち

988	189	281	382	**483**	584	685	786	**887**
999	**191**	292	393	**494**	595	696	**797**	898
112	213	**314**	415	**516**	617	**718**	819	911
123	224	325	**426**	**527**	**628**	729	821	922
134	**235**	**336**	**437**	**538**	**639**	**731**	**832**	**933**
145	246	347	**448**	**549**	**641**	742	843	944
156	257	**358**	459	**551**	652	**753**	854	955
167	**268**	369	461	**562**	663	764	**865**	966
178	279	371	472	**573**	674	775	876	**977**

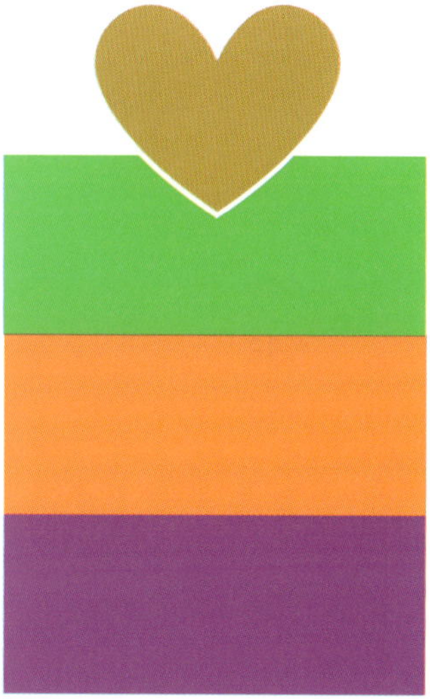

538の人

緑
オレンジ
紫

【あなたの人生の配役・役割・使命】

あなたは人の中で自分の良さを引き出して輝かせる事のできる人です。仕事も趣味も人を意識したものです。人が好きであれば、あなたの人生はバラ色そのものです。あなたは人が大好きで友達も多い、気配り上手でみんなから信頼されています。行動力があり、思ったことを即実行に移す積極性が周りの人からみると頼もしく見えます。感性が豊かでアイデアにも優れ、プランニング能力も抜群です。いつも変化している事を好み新しいものに関心の深いあなたは、ファッションにも敏感です。あなたは友達の間では目立つ存在です。仕切り役や幹事役をさせると能力を発揮します。

【あなたの職業適正】

人との縁が強い人で、人との付き合いから良い仕事をさせて頂いている場合が多く、人にかかわる職業で能力を発揮します。人と同じ事をするのが嫌で、いろいろ工夫して対応する人です。感性が豊かで芸術的センスもあるので感性の職業にも向いています。組織にはこだわらないので、自分の納得いく仕事をしたがります。人をプロデュースする仕事、サービス業、人を指導する仕事、芸術的な仕事、仕切り役に向いています。

【あなたが輝くワンポイントアドバイス】

人に縁のある割には、人との関係がうまく活かされていないあなたです。今の人の付き合いを大切にして深めていくときっと新しい展開がはじまるに違いありません。あなたの才能は周りの人間関係の上で花開くものです。

〈あなたの知りたい情報〉

心相数	基本数	ポジション数	運気数
549	369	2	5

〈あなたの特別の運命の人〉 三千年の旅をして出逢った人

1	合計して999になる人	459
2	同じ数の人	549
3	並び換えの人	459
4	受胎数・運気数グループ 9名	134 213 382 461 549 628 797 876 955

〈相性判定の基本数グループ〉 親子の流れ、恋人夫婦間、様々な相性の良い関係のグループ

基本数が同じ 639 369	123 156 189 426 459 483 729 753 786 639 213 246 279 516 549 573 819 843 876 369

〈あなたの親子の関係は〉

第二グループ	ピンチヒッター役で、誰も親の面倒をみる人がいないと役割がまわってきます。

〈組織での動きや仕事傾向〉

第二グループ	二番手が向いている。一番手になろうとすると辛い。 番頭役や調整役に適している。

＜八犬伝グループ＞ 一生を支える支援関係、仕事などで出逢いやすい関係

中心から八方向に伸びる塗つぶした枠の中の数字の人たちが、あなたを助け、あなたが助けるという役目をもった支援関係の人たち

999	191	292	393	494	595	696	797	898
112	213	314	415	516	617	718	819	911
123	224	325	426	527	628	729	821	922
134	235	336	437	538	639	731	832	933
145	246	347	448	**549**	641	742	843	944
156	257	358	459	551	652	753	854	955
167	268	369	461	562	663	764	865	966
178	279	371	472	573	674	775	876	977
189	281	382	483	584	685	786	887	988

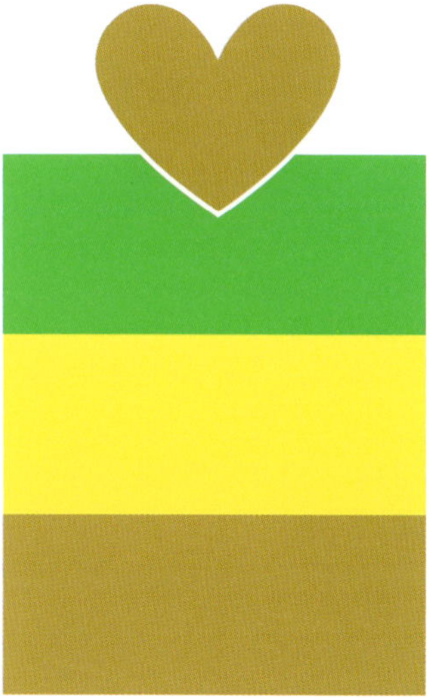

549の人

緑
黄
金・黄

【あなたの人生の配役・役割・使命】
あなたは典型的に人の縁という運命を背負って生まれてきた人です。多くの人達からかわいがられ人生のチャンスをいただいて成功します。あなた自身も人が大好きで友達も一杯です。気配り上手なあなたはまわりの人から信頼が厚い人です。あなたの人生は人をぬきにしては考えられません。人間関係が上手く行っているとこれほど輝いている人もいません。組織の中や友達の間では雰囲気を作る調整役としてなくてはならない存在です。じっくり二番手の役割をしていますと、かってに重要な役割があなたに回ってきます。行動力も抜群で、思ったことは即実行に移したがる人です。

【あなたの職業適正】
あなたは人をまとめ、また調和する役割に天性の能力があります。仕事も人とかかわる職業で能力を発揮しやすい人です。人との信頼関係で仕事をする傾向があります。営業でも人間関係で人の信頼を前提として仕事をします。人が好きで気配り上手ですので、徹底的に人が喜ぶ分野の仕事をすれば成功を納めます。安定志向であるため地道な仕事のほうが安心して能力を発揮します。

【あなたが輝くワンポイントアドバイス】
人を調整する才能は天性のもので、運命の役割といっても過言ではありません。あなたの身の処し方は一にも二にも調整役に徹することです。そこにあなたの本物の力が秘められています。

〈あなたの知りたい情報〉

心相数	基本数	ポジション数	運気数
551	336	2	6

〈あなたの特別の運命の人〉 三千年の旅をして出逢った人

1	合計して999になる人	448
2	同じ数の人	551
3	並び換えの人	551
4	受胎数・運気数グループ 9名	145 224 393 472 551 639 718 887 966

〈相性判定の基本数グループ〉 親子の流れ、恋人夫婦間、様々な相性の良い関係のグループ

基本数が同じ 663 336	112 145 178 415 448 472 718 742 775 663 224 257 281 527 551 584 821 854 887 336

〈あなたの親子の関係は〉

第二グループ	ピンチヒッター役で、誰も親の面倒をみる人がいないと役割がまわってきます。

〈組織での動きや仕事傾向〉

第二グループ	二番手が向いている。一番手になろうとすると辛い。番頭役や調整役に適している。

<八犬伝グループ> 一生を支える支援関係、仕事などで出逢いやすい関係

中心から八方向に伸びる塗つぶした枠の中の数字の人たちが、あなたを助け、あなたが助けるという役目をもった支援関係の人たち

112	213	314	415	516	617	718	819	911
123	224	325	426	527	628	729	821	922
134	235	336	437	538	639	731	832	933
145	246	347	448	549	641	742	843	944
156	257	358	459	**551**	652	753	854	955
167	268	369	461	562	663	764	865	966
178	279	371	472	573	674	775	876	977
189	281	382	483	584	685	786	887	988
191	292	393	494	595	696	797	898	999

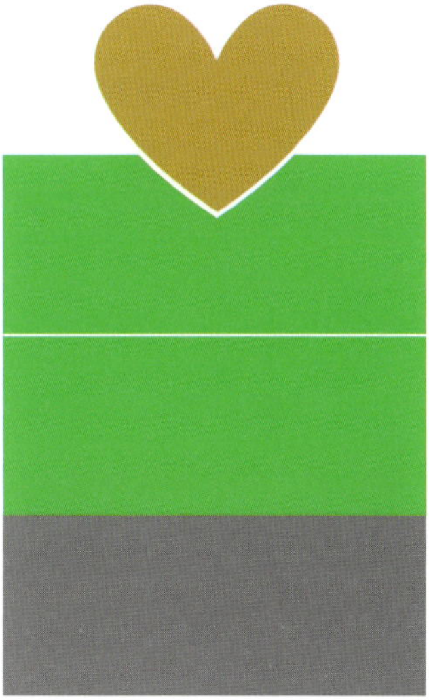

551の人

緑
緑
銀

【あなたの人生の配役・役割・使命】

一にも二にも人が財産の人。子供のころから人が好きで、人に可愛がられて人間関係を築いてきました。気配り上手な人で、これまでの相手を思いやる心が信頼を勝ち得てきました。人間関係のネットワークにはすごいものがあり、人が情報を運んでくる人です。反面、気配りしすぎて気疲れする場合があります。人と人を結ぶコーディネートや調整、人をまとめる潤滑油的な役割、ビジネスの番頭役に天性の能力を発揮します。また、優れた感性や芸術的センスに恵まれた人。経済的な安定が一番。目標があると人一倍頑張る人。

【あなたの職業適正】

人と付き合いが宝物ですから、人とのネットワークを活かしたビジネスに天性の能力を発揮します。また、人が大好きですから接客業など人に関わる職業にも向いています。ビジネスの最前線では、一番手よりは二番手が楽で周りの調整役に適しています。組織においてはリーダーを支える番頭役に天性の能力があります。

【あなたが輝くワンポイントアドバイス】

あなたは人との関係を調和するために生まれてきた人。人を大切にし、人に利益をもたらすことを考え、役割を演じさえすれば、それがそのままあなたの輝いている姿です。

〈あなたの知りたい情報〉

心相数	基本数	ポジション数	運気数
562	393	1	7

〈あなたの特別の運命の人〉　三千年の旅をして出逢った人

1	合計して999になる人	437
2	同じ数の人	562
3	並び換えの人	652
4	受胎数・運気数グループ 9名	156 235 314 483 562 641 729 898 977

〈相性判定の基本数グループ〉　親子の流れ、恋人夫婦間、様々な相性の良い関係のグループ

基本数が同じ 696 393	134 167 191 437 461 494 731 764 797 696 235 268 292 538 562 595 832 865 898 393

〈あなたの親子の関係は〉

第一グループ	親を継ぐ数字。親との関係が深く親の面倒をみる役割。 親にみられる場合もあり、長男長女で生まれやすい。

〈組織での動きや仕事傾向〉

第一グループ	組織を大きくする能力、拡大志向。 マネジメント能力がある。組織の中で力を発揮する。

＜八犬伝グループ＞一生を支える支援関係、仕事などで出逢いやすい関係

中心から八方向に伸びる塗つぶした枠の中の数字の人たちが、あなたを助け、あなたが助けるという役目をもった支援関係の人たち

123	224	325	426	527	628	729	821	922
134	235	336	437	538	639	731	832	933
145	246	347	448	549	641	742	843	944
156	257	358	459	551	652	753	854	955
167	268	369	461	**562**	663	764	865	966
178	279	371	472	573	674	775	876	977
189	281	382	483	584	685	786	887	988
191	292	393	494	595	696	797	898	999
213	314	415	516	617	718	819	911	112

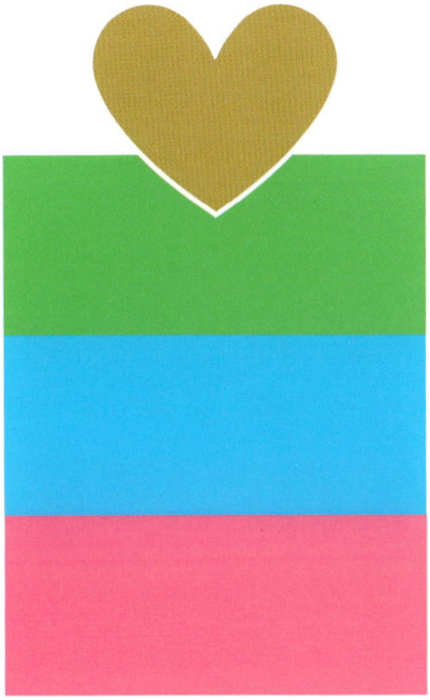

562の人

緑
青
赤・ピンク

【あなたの人生の配役・役割・使命】
人の縁が深い人で、周りの人に可愛がられて人生のチャンスを得ます。人生のテーマも人間関係を抜きにしては考えられません。良くも悪くも人間関係の運命です。あなたは、派手さはありませんが、人が好きな人で周りにはあなたを愛してやまない多くの友達がいます。人をコーディネートする役割を演じ友達の間の情報も詳しいので、仲間内では一目置かれています。気配りが上手で、人にやさしいあなたは、気疲れで悩むときがあります。感性が豊かで芸術センスも抜群です。拡大志向がありマネジメント能力に優れています。

【あなたの職業適正】
地道ながら人の縁で仕事する人です。職場においては、なんとなく周りからかわいがられて良い仕事に出会います。人の縁を大切にすることが最大のテーマです。意外と営業で力を発揮する人もいます。サービス業や接客業に適しています。組織においては、人に使われるよりは、リーダーとしての役割に能力を発揮します。

【あなたが輝くワンポイントアドバイス】
あなたの人生は周りの人に支えられて成り立っています。幸福になる方法はいろいろありますが、あなたにしかできない方法が「人との付き合いを大切にする」ということです。人を大切にさえすれば良いチャンスに巡り合います。

〈あなたの知りたい情報〉

心相数	基本数	ポジション数	運気数
573	369	1	8

〈あなたの特別の運命の人〉　三千年の旅をして出逢った人

1	合計して999になる人	426
2	同じ数の人	573
3	並び換えの人	753
4	受胎数・運気数グループ 9名	167 246 325 494 573 652 731 819 988

〈相性判定の基本数グループ〉　親子の流れ、恋人夫婦間、様々な相性の良い関係のグループ

基本数が同じ 639 369	123 156 189 426 459 483 729 753 786 639 213 246 279 516 549 573 819 843 876 369

〈あなたの親子の関係は〉

第一グループ	親を継ぐ数字。親との関係が深く親の面倒をみる役割。 親にみられる場合もあり、長男長女で生まれやすい。

〈組織での動きや仕事傾向〉

第一グループ	組織を大きくする能力、拡大志向。 マネジメント能力がある。組織の中で力を発揮する。

<八犬伝グループ> 一生を支える支援関係、仕事などで出逢いやすい関係

中心から八方向に伸びる塗つぶした枠の中の数字の人たちが、あなたを助け、あなたが助けるという役目をもった支援関係の人たち

134	235	336	437	538	639	731	832	933
145	246	347	448	549	641	742	843	944
156	257	358	459	551	652	753	854	955
167	268	369	461	562	663	764	865	966
178	279	371	472	**573**	674	775	876	977
189	281	382	483	584	685	786	887	988
191	292	393	494	595	696	797	898	999
213	314	415	516	617	718	819	911	112
224	325	426	527	628	729	821	922	123

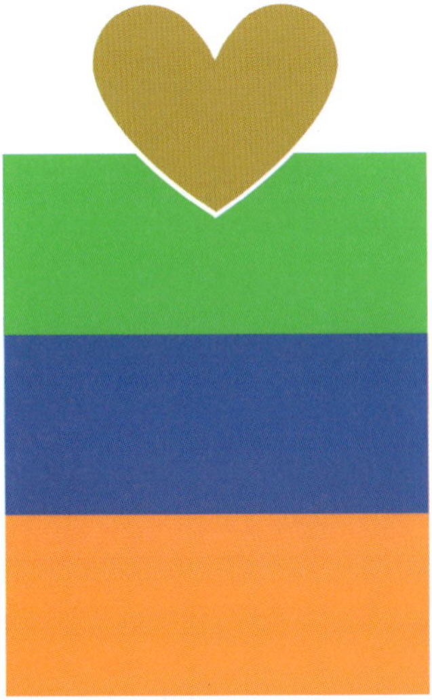

573の人

緑
紺・藍色
オレンジ

【あなたの人生の配役・役割・使命】
気配り上手で細やかな気遣いが周りの人から信頼されています。人間関係が勝負の人ですから、人との関係がうまくいっていると、自分を中心に世の中が回っていると思えるほど自信がわいて来ます。逆に、信頼している人との関係が壊れると途端に不安感に襲われ悩んでしまいます。責任感の強い人で、ふられた仕事はキッチリやり遂げます。また、趣味でも仕事でもやりはじめたら納得いくまで諦めません。反面、外見の穏やかさに反して、一度言い出したらテコでも動かないというような頑固な一面も合わせ持っています。行動力があり、変化を愛するので、あまりじっとしていることは好きではありません。

【あなたの職業適正】
プランニング能力があり、責任感にもすぐれた人ですから、人をプロデュースする職業に天性の能力を発揮します。接客業の経営者や支配人、サービス業のプロデューサーなど、人にかかわる分野で良い仕事をします。感性も豊かですが、どちらかというと職人的な地道な仕事で評価を得ていきます。感性を活かす横文字職業に従事する人も多くいます。バランス感覚にすぐれた人で何をさせてもそつなくできます。

【あなたが輝くワンポイントアドバイス】
人が財産の人。人からの評価に意外と心が傷つけられやる気が下がってしまう人。人との信頼を築くにはとことん気配り上手の達人になることです。

〈あなたの知りたい情報〉

心相数	基本数	ポジション数	運気数
584	336	2	9

〈あなたの特別の運命の人〉　三千年の旅をして出逢った人

1	合計して999になる人	415
2	同じ数の人	584
3	並び換えの人	854
4	受胎数・運気数グループ 9名	178 257 336 415 584 663 742 821 999

〈相性判定の基本数グループ〉　親子の流れ、恋人夫婦間、様々な相性の良い関係のグループ

基本数が同じ 663 336	112 145 178 415 448 472 718 742 775 663 224 257 281 527 551 584 821 854 887 336

〈あなたの親子の関係は〉

第二グループ	ピンチヒッター役で、誰も親の面倒をみる人がいないと役割がまわってきます。

〈組織での動きや仕事傾向〉

第二グループ	二番手が向いている。一番手になろうとすると辛い。 番頭役や調整役に適している。

＜八犬伝グループ＞ 一生を支える支援関係、仕事などで出逢いやすい関係

中心から八方向に伸びる塗つぶした枠の中の数字の人たちが、あなたを助け、あなたが助けるという役目をもった支援関係の人たち

145	246	347	448	549	641	742	843	944
156	257	358	459	551	652	753	854	955
167	268	369	461	562	663	764	865	966
178	279	371	472	573	674	775	876	977
189	281	382	483	**584**	685	786	887	988
191	292	393	494	595	696	797	898	999
213	314	415	516	617	718	819	911	112
224	325	426	527	628	729	821	922	123
235	336	437	538	639	731	832	933	134

584の人

緑
紫
黄

【あなたの人生の配役・役割・使命】

人との縁が深い人で、人間関係の良し悪しで人生の幸不幸が決まってしまいます。人にかわいがられて人生のチャンスを手にする事が多い人です。人が好きな人は、勝手に周りからお膳立てされて幸福な人生へと導かれて行きます。周りの人に対しては相手の事を思いやる気配り上手の人で、周りの信頼は絶大です。人との関係では、いつも周りから期待されているとやる気がでて来ます。人から無視される事が一番辛く、仕切り役や幹事役をさせると精神的に満足します。行動力も抜群にあり、思ったら即実行に移したがります。親分肌で涙もろい人情家です。

【あなたの職業適正】

人から愛されるその人柄が、いろいろな分野で人から信頼されて人生のチャンスを手にします。目上の人や周囲の人を敬って大切にしていますと勝手に周りからチャンスをいただいて何事もうまくいくものです。自分から一番になろうとせず二番手で調整役に徹していると自然とお鉢が回ってきます。人とかかわる職業で能力を発揮します。接客業、サービス業、秘書業、教育、心の世界、研修業に向いています。

【あなたが輝くワンポイントアドバイス】

人を調整する役割に天性の能力を発揮する人で、その能力が人生の最大の役割にもなっています。それがわかってしまうと、この能力を活かすしかありません。仕事においても人付き合いにおいても、この際、徹底して調整役を演じてみてはいかがでしょうか？

〈あなたの知りたい情報〉

心相数	基本数	ポジション数	運気数
595	393	2	1

〈あなたの特別の運命の人〉　三千年の旅をして出逢った人

1	合計して999になる人	494
2	同じ数の人	595
3	並び換えの人	955
4	受胎数・運気数グループ 9名	189 268 347 426 595 674 753 832 911

〈相性判定の基本数グループ〉　親子の流れ、恋人夫婦間、様々な相性の良い関係のグループ

基本数が同じ 696 393	134 167 191 437 461 494 731 764 797 696 235 268 292 538 562 595 832 865 898 393

〈あなたの親子の関係は〉

第二グループ	ピンチヒッター役で、誰も親の面倒をみる人がいないと役割がまわってきます。

〈組織での動きや仕事傾向〉

第二グループ	二番手が向いている。一番手になろうとすると辛い。 番頭役や調整役に適している。

＜八犬伝グループ＞ 一生を支える支援関係、仕事などで出逢いやすい関係

中心から八方向に伸びる塗つぶした枠の中の数字の人たちが、あなたを助け、あなたが助けるという役目をもった支援関係の人たち

156	257	358	459	551	652	753	854	955
167	268	369	461	562	663	764	865	966
178	279	371	472	573	674	775	876	977
189	281	382	483	584	685	786	887	988
191	292	393	494	**595**	696	797	898	999
213	314	415	516	617	718	819	911	112
224	325	426	527	628	729	821	922	123
235	336	437	538	639	731	832	933	134
246	347	448	549	641	742	843	944	145

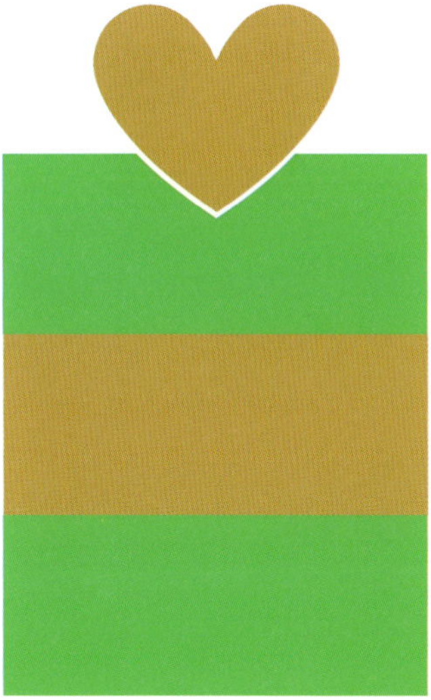

595の人

緑
金・黄
緑

【あなたの人生の配役・役割・使命】
人に深い縁のある人で、社会の最前線で活躍している人が多い。人が好きだと勝手に幸せのレールが周りからお膳立てされて行きます。逆に、人の付き合いが苦手な人は、けっこう人間関係で悩んでしまいます。良くも悪くも人間関係が重要な人です。不思議と人にかわいがられて人生のチャンスを手にする場合が多い。気配り上手な人で周りから信頼が厚く、行動力も抜群で、思ったら即実行に移さないと気が済みません。じっとしていると不安感に襲われるので嫌です。安定志向の面も強いので、精神的にも経済的にも安定していないと能力を発揮できないところがあります。

【あなたの職業適正】
典型的な人間関係を前提とする職業で能力を発揮する人。環境に恵まれ、良い人たちに出会うと、チャンスを得て成功を納めます。行動力が抜群でアイデアもあるので、人に使われないで自分で動く傾向があります。二番手の調整役に徹すれば、人間関係も順調に進みます。人から信用を得てする職業に適しています。サービス業、接客業、人を教える分野に向いています。

【あなたが輝くワンポイントアドバイス】
あなたに与えられた運命の役割は、人や組織をまとめ調整する役にあります。しかし、ときおりそれを錯覚して主役を演じようとしたとき、決まって、辛い立場に立たされます。人の間では、一にも二にも番頭役に徹することです。

〈あなたの知りたい情報〉

心相数	基本数	ポジション数	運気数
617	966	2	4

〈あなたの特別の運命の人〉 三千年の旅をして出逢った人

1	合計して999になる人	382
2	同じ数の人	617
3	並び換えの人	167
4	受胎数・運気数グループ 9名	123 292 371 459 538 617 786 865 944

〈相性判定の基本数グループ〉 親子の流れ、恋人夫婦間、様々な相性の良い関係のグループ

基本数が同じ 933 966	325 358 382 628 652 685 922 955 988 933 314 347 371 617 641 674 911 944 977 966

〈あなたの親子の関係は〉

第二グループ	ピンチヒッター役で、誰も親の面倒をみる人がいないと 役割がまわってきます。

〈組織での動きや仕事傾向〉

第二グループ	二番手が向いている。一番手になろうとすると辛い。 番頭役や調整役に適している。

＜八犬伝グループ＞ 一生を支える支援関係、仕事などで出逢いやすい関係

中心から八方向に伸びる塗つぶした枠の中の数字の人たちが、あなたを助け、あなたが助けるという役目をもった支援関係の人たち

167	268	369	461	562	663	764	865	966
178	279	371	472	573	674	775	876	977
189	281	382	483	584	685	786	887	988
191	292	393	494	595	696	797	898	999
213	314	415	516	**617**	718	819	911	112
224	325	426	527	628	729	821	922	123
235	336	437	538	639	731	832	933	134
246	347	448	549	641	742	843	944	145
257	358	459	551	652	753	854	955	156

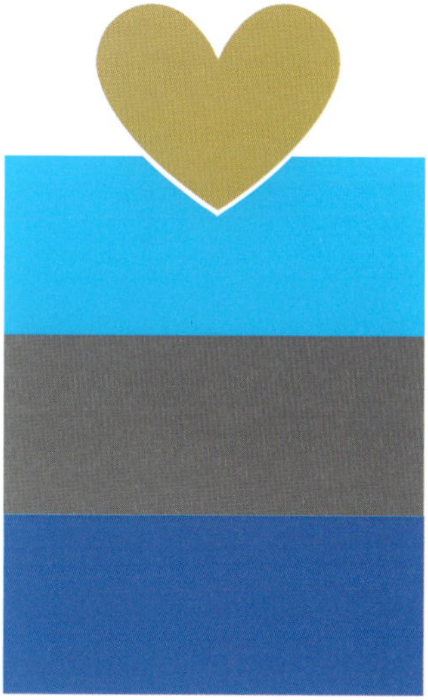

617の人

青
銀
紺・藍色

【あなたの人生の配役・役割・使命】

人が大好きで友達や知人が多いあなた。人をコーディネートする能力は抜群です。人が好きなあなたのところには自然と情報が集まって来ます。友人の間では情報通として一目置かれています。人から悩み事の相談を持ちかけられるので、トラブル処理の役割を果たしています。器用な面があり、何をさせてもできる人で、職場や組織の中では大切にされています。小さい頃から目標に向かって頑張ってきた人。目標のあるときの姿は自信に満ち輝いて見えます。人から頼まれた事に対しては責任感が強く、周りの信頼は絶大です。趣味でも仕事でもやり始めると納得いくまで諦めません。

【あなたの職業適正】

人脈の人で友人知人が多いので、その関係をうまく活かした職業が良い。人をコーディネートすることやプロデュースする仕事に向いています。また、人と接触する仕事や人の補助的な仕事に天性の能力を発揮。秘書業などに能力を発揮します。また、器用な面があり何をさせてもそつなくできるので総務などの一般事務業にも向いています。感性の豊かな人も多いので芸術方面でも才能を発揮しやすい人です。調整役として活躍します。

【あなたが輝くワンポイントアドバイス】

あなたの人生は人との関係を抜きにして考えられません。人の出会いは一期一会です。人生が一度しかないからこそ、人を結びつけるあなたのような存在が必要です。

〈あなたの知りたい情報〉

心相数	基本数	ポジション数	運気数
628	933	2	5

〈あなたの特別の運命の人〉 三千年の旅をして出逢った人

1	合計して999になる人	371
2	同じ数の人	628
3	並び換えの人	268
4	受胎数・運気数グループ 9名	134 213 382 461 549 628 797 876 955

〈相性判定の基本数グループ〉 親子の流れ、恋人夫婦間、様々な相性の良い関係のグループ

基本数が同じ 966 933	314 347 371 617 641 674 911 944 977 966 325 358 382 628 652 685 922 955 988 933

〈あなたの親子の関係は〉

第二グループ	ピンチヒッター役で、誰も親の面倒をみる人がいないと役割がまわってきます。

〈組織での動きや仕事傾向〉

第二グループ	二番手が向いている。一番手になろうとすると辛い。 番頭役や調整役に適している。

<八犬伝グループ> 一生を支える支援関係、仕事などで出逢いやすい関係

中心から八方向に伸びる塗つぶした枠の中の数字の人たちが、あなたを助け、あなたが助けるという役目をもった支援関係の人たち

178	279	371	472	573	674	775	876	977
189	281	382	483	584	685	786	887	988
191	292	393	494	595	696	797	898	999
213	314	415	516	617	718	819	911	112
224	325	426	527	**628**	729	821	922	123
235	336	437	538	639	731	832	933	134
246	347	448	549	641	742	843	944	145
257	358	459	551	652	753	854	955	156
268	369	461	562	663	764	865	966	167

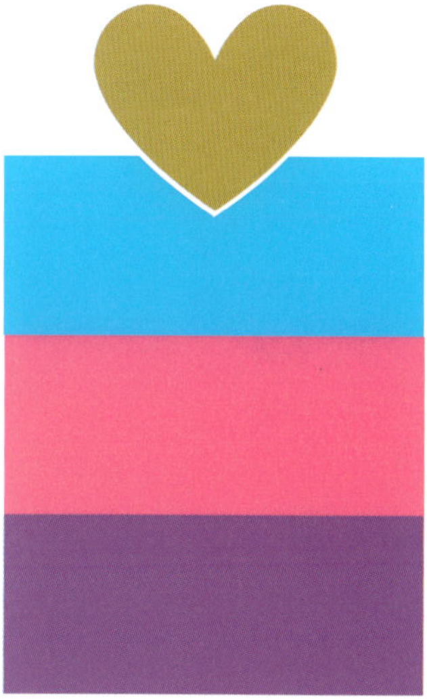

628の人

青
赤・ピンク
紫

【あなたの人生の配役・役割・使命】
人と深い縁で結ばれているあなた。人が大好きで友人知人に恵まれています。自然に友人が集まってくるので、友人の間ではあなたに聞けばなんでも知っているという情報通で通っています。人をコーディネートする能力は抜群です。あなたは目立つ存在でいつも皆の中心にいます。あなた自身も皆から認められ役割がないと嫌になります。人から無視されることが嫌です。人をまとめる仕切り役や幹事役に適していて、皆から頼られると能力を発揮します。組織においては一番手よりは二番手の方が楽で能力を発揮します。

【あなたの職業適正】
人にかかわる職業でうまくいく人です。人が大好きなので、サービス業や接客業に向いています。また、人を扱い、プロデュースするような職業にも能力を発揮します。感性も豊かで芸術的才能にもすぐれているので、感性を職業とする分野でも能力を発揮します。組織では、人を調整する役割があり重要な立場を任されるようになります。秘書業、美にかかわる仕事にも向いています。

【あなたのワンポイントアドバイス】
人が命のあなた。いつも多くの友人に囲まれています。謙虚になって、今よりももっと相手の喜ぶことをしてあげさえすれば、さらに友人の輪が広がっていくことでしょう。

〈あなたの知りたい情報〉

心相数	基本数	ポジション数	運気数
639	639	1	6

〈あなたの特別の運命の人〉 三千年の旅をして出逢った人

1	合計して999になる人	369
2	同じ数の人	639
3	並び換えの人	369
4	受胎数・運気数グループ 9名	145 224 393 472 551 639 718 887 966

〈相性判定の基本数グループ〉 親子の流れ、恋人夫婦間、様々な相性の良い関係のグループ

基本数が同じ 369 639	213 246 279 516 549 573 819 843 876 369 123 156 189 426 459 483 729 753 786 639

〈あなたの親子の関係は〉

第一グループ	親を継ぐ数字。親との関係が深く親の面倒をみる役割。 親にみられる場合もあり、長男長女で生まれやすい。

〈組織での動きや仕事傾向〉

第一グループ	組織を大きくする能力、拡大志向。 マネジメント能力がある。組織の中で力を発揮する。

<八犬伝グループ> 一生を支える支援関係、仕事などで出逢いやすい関係

中心から八方向に伸びる塗つぶした枠の中の数字の人たちが、あなたを助け、あなたが助けるという役目をもった支援関係の人たち

189	281	382	483	584	685	786	887	988
191	292	393	494	595	696	797	898	999
213	314	415	516	617	718	819	911	112
224	325	426	527	628	729	821	922	123
235	336	437	538	**639**	731	832	933	134
246	347	448	549	641	742	843	944	145
257	358	459	551	652	753	854	955	156
268	369	461	562	663	764	865	966	167
279	371	472	573	674	775	876	977	178

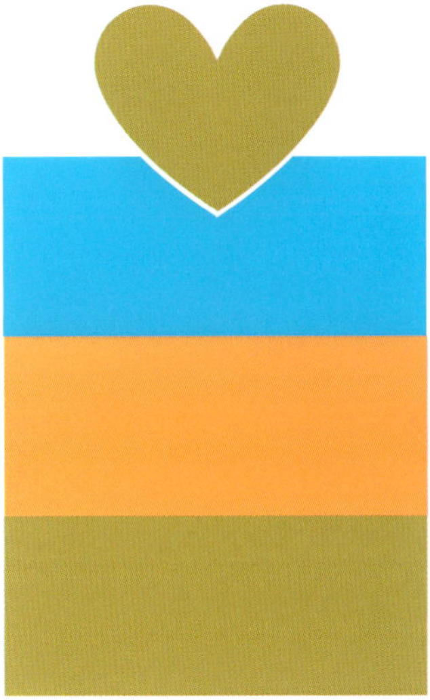

639の人

青
オレンジ
金・黄

【あなたの人生の配役・役割・使命】

あなたは、生まれもって、救世の使命を持った特別な人です。人生を通じて、人のためになることに従事すると、素晴しい人生が約束されています。人の縁が深く、人にかわいがられて人生のチャンスを掴みます。あなた自身も人が大好きで友人が多くいます。人をコーディネートする役割に秀でていて、友人の間では、情報通として一目置かれています。人の悩みの相談に乗ることも多くトラブル処理の人です。新しい情報にも関心が深く、時代の最前線の情報には敏感に反応してキャッチします。感性も豊かでアイデアにすぐれ、プランニング能力にもなかなかなものがあります。

【あなたの職業適正】

人脈の人で、人にかかわる分野や職業で成功します。人をコーディネートし、またプロデュースする職業に天性の能力を発揮します。接客業などの客商売や情報サービス業なども向いています。また、人に何かを伝え、人を育てるような教育や研修などの分野にも向いています。感性が豊かで美的センスもあるので、感性を職業とする分野でも能力を発揮します。社会性があり人のためになる職業に付くと能力を発揮します。

【あなたが輝くワンポイントアドバイス】

人のためになる職業や生き方を運命づけられた人です。救世の役割という意味では、人類の最大の役割を担った人と言えます。ほとんどの人がこの役割に気づかないままに人生を過ごしています。

〈あなたの知りたい情報〉

心相数	基本数	ポジション数	運気数
641	966	1	7

〈あなたの特別の運命の人〉　三千年の旅をして出逢った人

1	合計して999になる人	358
2	同じ数の人	641
3	並び換えの人	461
4	受胎数・運気数グループ 9名	156 235 314 483 562 641 729 898 977

〈相性判定の基本数グループ〉　親子の流れ、恋人夫婦間、様々な相性の良い関係のグループ

基本数が同じ 933 966	325 358 382 628 652 685 922 955 988 933 314 347 371 617 641 674 911 944 977 966

〈あなたの親子の関係は〉

第一グループ	親を継ぐ数字。親との関係が深く親の面倒をみる役割。 親にみられる場合もあり、長男長女で生まれやすい。

〈組織での動きや仕事傾向〉

第一グループ	組織を大きくする能力、拡大志向。 マネジメント能力がある。組織の中で力を発揮する。

＜八犬伝グループ＞ 一生を支える支援関係、仕事などで出逢いやすい関係

中心から八方向に伸びる塗つぶした枠の中の数字の人たちが、あなたを助け、あなたが助けるという役目をもった支援関係の人たち

191	292	393	494	595	696	797	898	999
213	314	415	516	617	718	819	911	112
224	325	426	527	628	729	821	922	123
235	336	437	538	639	731	832	933	134
246	347	448	549	**641**	742	843	944	145
257	358	459	551	652	753	854	955	156
268	369	461	562	663	764	865	966	167
279	371	472	573	674	775	876	977	178
281	382	483	584	685	786	887	988	189

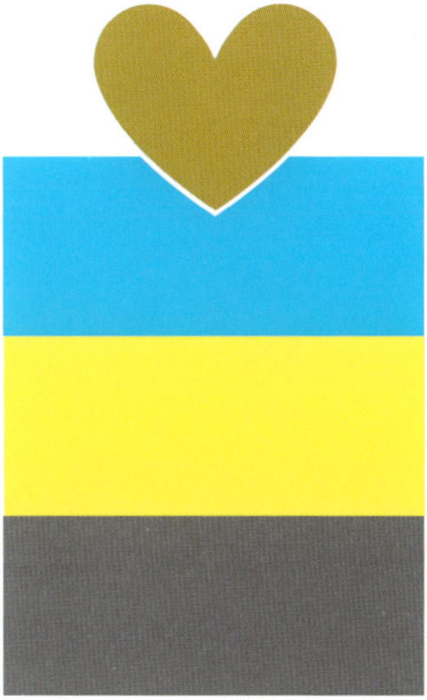

641の人

青

黄

銀

【あなたの人生の配役・役割・使命】

人が好きで友達も多い方です。人脈が財産のような人で、人のご縁をつなぐ役割を担っています。人の悩みの相談役、人から何となく相談をもちかけられることが多い。何をさせてもそつなくできる人で周りから信頼も厚い。会社においては器用な人で重宝がられています。親分肌で、周りの人から頼られると嬉しくなります。人の面倒見も良い人です。

目標の人で、目標のあるときの姿は輝いています。感性も豊かで芸術に関心が深い人です。

組織においてはマネジメント能力に長けた人で人をまとめる能力にも優れています。

【あなたの職業適正】

人の縁が深く、人が大好きですので、直接人にかかわる職業で能力を発揮します。いろいろな職業に従事する人が多いのですが、一貫して、人間関係をテーマとする立場で仕事するとうまく行きます。目標が必要な人で、行動力も抜群にありますので、組織においては人を指導しまとめる立場に向いています。リーダーの資質をもった人です。人からの信頼が厚く、人からチャンスを得て会社を起こす人も多くいます。

【あなたが輝くワンポイントアドバイス】

あなたの人生は人にかかわる職業で花開きます。あなたは周りの人によって育てられ、年を重ねるほどに信用を増していきます。将来の幸せのためにも、今、この瞬間の人の付き合いを大切にしてください。

〈あなたの知りたい情報〉

心相数	基本数	ポジション数	運気数
652	933	3	8

〈あなたの特別の運命の人〉 三千年の旅をして出逢った人

1	合計して999になる人	347
2	同じ数の人	652
3	並び換えの人	562
4	受胎数・運気数グループ 9名	167 246 325 494 573 652 731 819 988

〈相性判定の基本数グループ〉 親子の流れ、恋人夫婦間、様々な相性の良い関係のグループ

基本数が同じ 966 933	314 347 371 617 641 674 911 944 977 966 325 358 382 628 652 685 922 955 988 933

〈あなたの親子の関係は〉

第三グループ	親を愛していないわけではないのですが、親元を離れていく傾向が強く、用事のあるときだけ帰ります。

〈組織での動きや仕事傾向〉

第三グループ	組織に拘らない、執着もうすい。納得のいく仕事がテーマ。人と同じにみられるのが嫌いで、開拓者精神旺盛。

<八犬伝グループ> 一生を支える支援関係、仕事などで出逢いやすい関係

中心から八方向に伸びる塗つぶした枠の中の数字の人たちが、あなたを助け、あなたが助けるという役目をもった支援関係の人たち

213	314	415	516	617	718	819	911	112
224	325	426	527	628	729	821	922	123
235	336	437	538	639	731	832	933	134
246	347	448	549	641	742	843	944	145
257	358	459	551	**652**	753	854	955	156
268	369	461	562	663	764	865	966	167
279	371	472	573	674	775	876	977	178
281	382	483	584	685	786	887	988	189
292	393	494	595	696	797	898	999	191

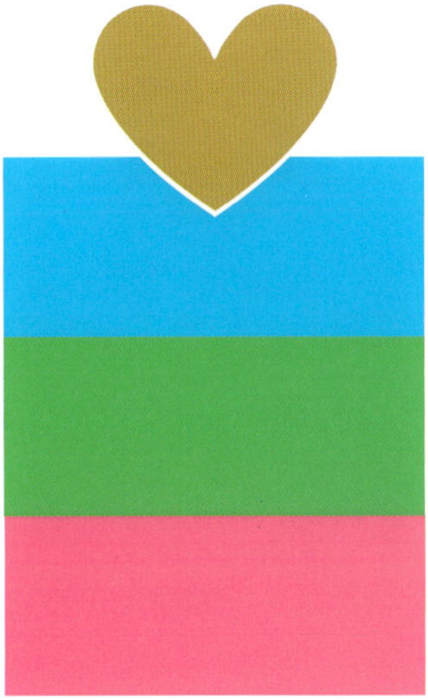

652の人

青
緑
赤・ピンク

【あなたの人生の配役・役割・使命】

人にかかわって人生を歩んでいく人です。人に活かされて幸せな人生が約束されたような人です。人の縁が深く、人からチャンスを得て一生の仕事に出会う人です。人をコーディネートする能力は抜群にあり、情報通でもあります。気配りも上手で周りの人からの信頼も厚い。ただ、ときどき気疲れする場合もあります。人の言葉の攻撃に弱く、指図されたり抑えつけられたりすることが嫌です。独立心旺盛な人です。感性も豊かで美しいものを愛し、アイデアにもすぐれています。

【あなたの職業適正】

人に縁のある人です。一にも二にも人。職業の選択においても組織における役割でも全てが人に直接かかわる職業で成功を納めます。あなた自身も人が大好きで友人知人も多いので知らぬ間に周りの人のおかげで良い仕事に巡り合います。人間関係を前提とする職業が良いでしょう。人が大好きな性格は、営業でも遺憾なく発揮されます。接客業やサービス業に向いています。

【あなたが輝くワンポイントアドバイス】

人が財産のようなあなたです。人の縁を強く持って生まれてきたことに感謝しなければなりません。あなた自身の力で手に入れたことの全てが、実は、周りの人の支援によって手に入れたものなのです。

〈あなたの知りたい情報〉

心相数	基本数	ポジション数	運気数
663	663	3	9

〈あなたの特別の運命の人〉 三千年の旅をして出逢った人

1	合計して999になる人	336
2	同じ数の人	663
3	並び換えの人	663
4	受胎数・運気数グループ 9名	178 257 336 415 584 663 742 821 999

〈相性判定の基本数グループ〉 親子の流れ、恋人夫婦間、様々な相性の良い関係のグループ

基本数が同じ 336 663	224 257 281 527 551 584 821 854 887 336 112 145 178 415 448 472 718 742 775 663

〈あなたの親子の関係は〉

第三グループ	親を愛していないわけではないのですが、親元を離れていく傾向が強く、用事のあるときだけ帰ります。

〈組織での動きや仕事傾向〉

第三グループ	組織に拘らない、執着もうすい。納得のいく仕事がテーマ。人と同じにみられるのが嫌いで、開拓者精神旺盛。

＜八犬伝グループ＞ 一生を支える支援関係、仕事などで出逢いやすい関係

中心から八方向に伸びる塗つぶした枠の中の数字の人たちが、あなたを助け、あなたが助けるという役目をもった支援関係の人たち

224	325	426	527	628	729	821	922	123
235	336	437	538	639	731	832	933	134
246	347	448	549	641	742	843	944	145
257	358	459	551	652	753	854	955	156
268	369	461	562	**663**	764	865	966	167
279	371	472	573	674	775	876	977	178
281	382	483	584	685	786	887	988	189
292	393	494	595	696	797	898	999	191
314	415	516	617	718	819	911	112	213

663の人

青
青
オレンジ

【あなたの人生の配役・役割・使命】
人が財産のような人で、人の縁で人生を楽しく謳歌します。友達が多く、いつも友達との付き合いを欠かせません。人からかわいがられるほうで、人生のチャンスも周りの人の縁によって手にする場合が多くあります。人をコーディネートする能力は天性のものがあり、友達の間では、あなたに聞けばなんでもわかるというほどの情報通です。人懐っこいあなたは、友達の悩みの相談相手で、けっこう信頼が厚い人です。行動力も抜群で、思ったら即実行に移さないと気が済みません。器用な面もあるので、何を頼まれてもそつなくやり遂げます。人がやらないことに関心が強い。開拓者精神旺盛な人です。

【あなたの職業適正】
行動力があって人が大好きなので人の間をコーディネートし、またプロデュースする職業に天性の能力を発揮します。人との付き合いが豊かな人なので、じっとしているよりは人との交流を通じて動きのある職業に向いています。また、大変器用な人で何をさせてもそつなくできるので秘書役としても適任です。営業では信頼で仕事をとってくる人です。納得いくビジネス、納得いく人生がモットーで組織に縛られない自由人。感性も豊かです。

【あなたが輝くワンポイントアドバイス】
人が財産で、人とのかかわり無しに人生の楽しみはないと思っているあなたです。そうであるなら、徹底して人とかかわる職業に自分の人生をかけてみることも必要です。一度しかない人生だから、新しい世界へ飛び込む勇気も必要です。

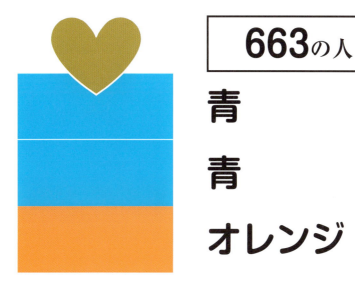

〈あなたの知りたい情報〉

心相数	基本数	ポジション数	運気数
674	966	3	1

〈あなたの特別の運命の人〉 三千年の旅をして出逢った人

1	合計して999になる人	325
2	同じ数の人	674
3	並び換えの人	764
4	受胎数・運気数グループ 9名	189 268 347 426 595 674 753 832 911

〈相性判定の基本数グループ〉 親子の流れ、恋人夫婦間、様々な相性の良い関係のグループ

基本数が同じ 933 966	325 358 382 628 652 685 922 955 988 933 314 347 371 617 641 674 911 944 977 966

〈あなたの親子の関係は〉

第三グループ	親を愛していないわけではないのですが、親元を離れていく傾向が強く、用事のあるときだけ帰ります。

〈組織での動きや仕事傾向〉

第三グループ	組織に拘らない、執着もうすい。納得のいく仕事がテーマ。人と同じにみられるのが嫌いで、開拓者精神旺盛。

＜八犬伝グループ＞ 一生を支える支援関係、仕事などで出逢いやすい関係

中心から八方向に伸びる塗つぶした枠の中の数字の人たちが、あなたを助け、あなたが助けるという役目をもった支援関係の人たち

235	336	437	538	639	731	832	933	134
246	347	448	549	641	742	843	944	145
257	358	459	551	652	753	854	955	156
268	369	461	562	663	764	865	966	167
279	371	472	573	**674**	775	876	977	178
281	382	483	584	685	786	887	988	189
292	393	494	595	696	797	898	999	191
314	415	516	617	718	819	911	112	213
325	426	527	628	729	821	922	123	224

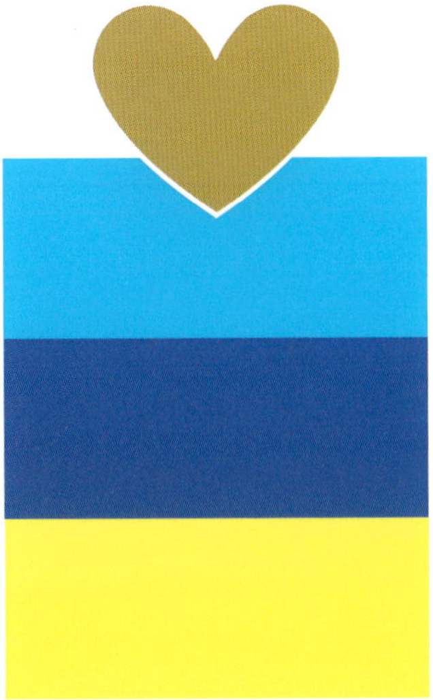

674の人

青
紺・藍色
黄

【あなたの人生の配役・役割・使命】

人の縁が深い人で、人をつなぐコーディネートに天性の能力を発揮する人です。小さい頃から友達が財産のような人です。人が大好きで友達が多い方です。責任感も強い人で、頼まれたことは嫌といわずに引き受けてキッチリやり遂げるので、周りからの信頼も厚い人です。趣味でも仕事でもやり始めると納得いくまで諦めないという意思の強さを持っています。また、意外にあなたは頑固で、一度言い出したらテコでも動かないという面をもっています。行動力の人で、思いついたら即実行に移さないと気が済みません。親分肌で感動的な場面では涙を流す人情家です。

【あなたの職業適正】

何をさせても、しっかりやり遂げる人ですが、特に人とのかかわりの深い職業で成功しやすい人です。人をプロデュースするような職業で天性の能力が開花するでしょう。また、器用な人で、しかも行動的ですので、どんな職場でも重宝がられます。秘書役では抜群の能力を発揮します。組織にはこだわりがなく、自分が納得いく仕事をしたがるので、意外と独立する可能性があります。人から信頼されるので営業能力も抜群です。

【あなたが輝くワンポイントアドバイス】

あなたの人生の幸せは、「青い鳥が足元にいた」という例えのように、いつもあなたの身近にあるものです。言葉を変えて言えば、幸せとは人との付き合いを積み重ねていく先に準備されているものです。

〈あなたの知りたい情報〉

心相数	基本数	ポジション数	運気数
685	933	1	2

〈あなたの特別の運命の人〉　三千年の旅をして出逢った人

1	合計して999になる人	314
2	同じ数の人	685
3	並び換えの人	865
4	受胎数・運気数グループ 9名	191 279 358 437 516 685 764 843 922

〈相性判定の基本数グループ〉　親子の流れ、恋人夫婦間、様々な相性の良い関係のグループ

基本数が同じ 966 933	314 347 371 617 641 674 911 944 977 966 325 358 382 628 652 685 922 955 988 933

〈あなたの親子の関係は〉

第一グループ	親を継ぐ数字。親との関係が深く親の面倒をみる役割。 親にみられる場合もあり、長男長女で生まれやすい。

〈組織での動きや仕事傾向〉

第一グループ	組織を大きくする能力、拡大志向。 マネジメント能力がある。組織の中で力を発揮する。

＜八犬伝グループ＞ 一生を支える支援関係、仕事などで出逢いやすい関係

中心から八方向に伸びる塗つぶした枠の中の数字の人たちが、あなたを助け、あなたが助けるという役目をもった支援関係の人たち

246	347	448	549	641	742	843	944	145
257	358	459	551	652	753	854	955	156
268	369	461	562	663	764	865	966	167
279	371	472	573	674	775	876	977	178
281	382	483	584	**685**	786	887	988	189
292	393	494	595	696	797	898	999	191
314	415	516	617	718	819	911	112	213
325	426	527	628	729	821	922	123	224
336	437	538	639	731	832	933	134	235

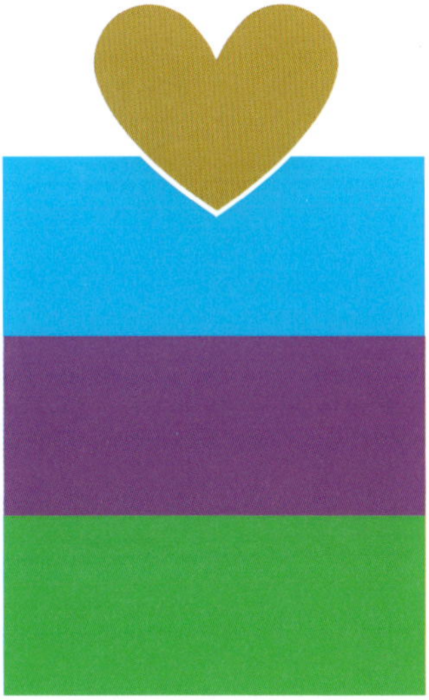

685の人

青
紫
緑

【あなたの人生の配役・役割・使命】

あなたほど人を調和する役割を持った人は他にいません。そのことに気付き、自分の能力を活かしますと幸福まちがいなしです。人の縁が深い人で、人から人生のチャンスをいただいて成功します。人を大切にしさえすれば、周りがいろいろとチャンスを運んできてくれます。人との付き合いが苦手だと、けっこう人間関係で苦労します。友達の中では、いつも中心にいて人をコーディネートする役割をしています。人から期待されると嬉しくなり頑張る人です。情報通で気配りも上手なあなたは、周りからの信頼は絶大なものがあります。また、器用な人で何をさせてもそつなくやり遂げます。

【あなたの職業適正】

これほど人間関係に縁を持った人はいません。人をコーディネートし、またプロデュースするために生まれてきたような人です。したがって、一にも二にも人で人にかかわる職業や職場でせっかくの能力を全開させたほうが良いでしょう。接客業やサービス業、教育など適性は幅広いものがあります。拡大志向の強い人ですので、組織を発展拡大する方へ関心が向いて行きます。

【あなたが輝くワンポイントアドバイス】

あなたは、友達や人の中で皆を調和するための運命的な役割を担ってきた数少ない人です。そのことに気付けば、あなたの人生は人との付き合いに照準を合わせなければなりません。あなたは周りの人にとってはなくてはならない人です。

〈あなたの知りたい情報〉

心相数	基本数	ポジション数	運気数
696	696	2	3

〈あなたの特別の運命の人〉　三千年の旅をして出逢った人

1	合計して999になる人	393
2	同じ数の人	696
3	並び換えの人	966
4	受胎数・運気数グループ 9名	112 281 369 448 527 696 775 854 933

〈相性判定の基本数グループ〉　親子の流れ、恋人夫婦間、様々な相性の良い関係のグループ

基本数が同じ 393 696	235 268 292 538 562 595 832 865 898 393 134 167 191 437 461 494 731 764 797 696

〈あなたの親子の関係は〉

第二グループ	ピンチヒッター役で、誰も親の面倒をみる人がいないと役割がまわってきます。

〈組織での動きや仕事傾向〉

第二グループ	二番手が向いている。一番手になろうとすると辛い。 番頭役や調整役に適している。

＜八犬伝グループ＞一生を支える支援関係、仕事などで出逢いやすい関係

中心から八方向に伸びる塗つぶした枠の中の数字の人たちが、あなたを助け、あなたが助けるという役目をもった支援関係の人たち

257	358	459	551	652	753	854	955	156
268	369	461	562	663	764	865	966	167
279	371	472	573	674	775	876	977	178
281	382	483	584	685	786	887	988	189
292	393	494	595	**696**	797	898	999	191
314	415	516	617	718	819	911	112	213
325	426	527	628	729	821	922	123	224
336	437	538	639	731	832	933	134	235
347	448	549	641	742	843	944	145	246

696の人

青
金・黄
青

【あなたの人生の配役・役割・使命】
人をコーディネートする能力を持った人。良いも悪いも独特の雰囲気をもっていて、社会の最前線で活躍している人が多い。行動力も抜群で人の間を駆け回って、人を結びつけたり調整したりしています。人が大好きで友達が多いので、人の縁で人生のチャンスを手に入れることになります。気配り上手で、何をさせても器用にやり遂げます。また、友達の間では、あなたに聞けばなんでもわかるという情報通で周りの信頼も厚い人です。人の悩みの相談を持ち掛けられることも多く、トラブル処理の役割もあります。

【あなたの職業適正】
人と関係がある職業や職場で能力を発揮します。人をプロデュースする能力は他の追随を許さないものがあります。また、行動力も抜群にありますので、人の間を渡り歩いては、人をまとめる役をしっかり演じていきます。人を調整する役割のある人。器用な人。周りの人の情報が集まりやすい人で、人の情報を活かしていく仕事も良いでしょう。天性の情報通です。人と情報のコーディネートやプロデュースに関する職業が向いています。

【あなたが輝くワンポイントアドバイス】
人の役割に運命の役割があるとしますと、この世におけるあなたの役割は、まぎれもなく人をコーディネートしプロデュースすることにあります。そのために、動き回ることです。
人と人との間を動きながら積極的に人をつなぐことが使命そのものです。

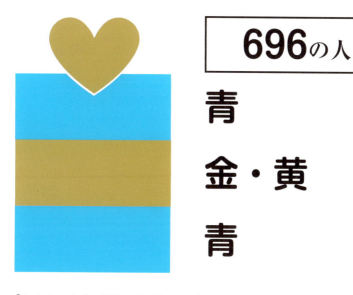

〈あなたの知りたい情報〉

心相数	基本数	ポジション数	運気数
718	663	1	6

〈あなたの特別の運命の人〉　三千年の旅をして出逢った人

1	合計して999になる人	281
2	同じ数の人	718
3	並び換えの人	178
4	受胎数・運気数グループ 9名	145 224 393 472 551 639 718 887 966

〈相性判定の基本数グループ〉　親子の流れ、恋人夫婦間、様々な相性の良い関係のグループ

基本数が同じ 336 663	224 257 281 527 551 584 821 854 887 336 112 145 178 415 448 472 718 742 775 663

〈あなたの親子の関係は〉

第一グループ	親を継ぐ数字。親との関係が深く親の面倒をみる役割。 親にみられる場合もあり、長男長女で生まれやすい。

〈組織での動きや仕事傾向〉

第一グループ	組織を大きくする能力、拡大志向。 マネジメント能力がある。組織の中で力を発揮する。

＜八犬伝グループ＞ 一生を支える支援関係、仕事などで出逢いやすい関係

中心から八方向に伸びる塗つぶした枠の中の数字の人たちが、あなたを助け、あなたが助けるという役目をもった支援関係の人たち

268	369	461	562	663	764	865	966	167
279	371	472	573	674	775	876	977	178
281	382	483	584	685	786	887	988	189
292	393	494	595	696	797	898	999	191
314	415	516	617	**718**	819	911	112	213
325	426	527	628	729	821	922	123	224
336	437	538	639	731	832	933	134	235
347	448	549	641	742	843	944	145	246
358	459	551	652	753	854	955	156	257

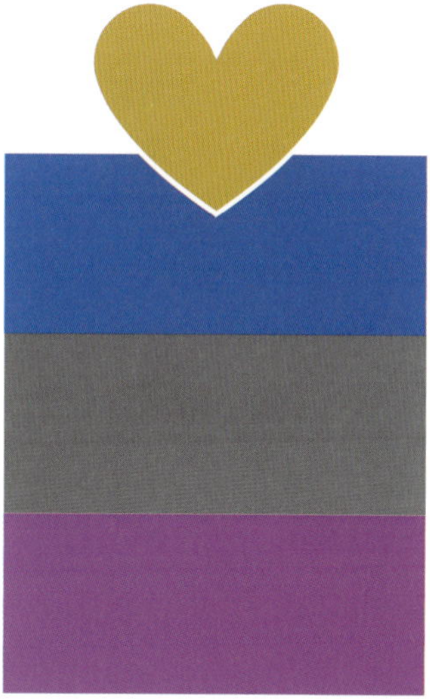

718の人

紺・藍色
銀
紫

【あなたの人生の配役・役割・使命】

あなたは何事も一途に徹底してやる人です。趣味でも仕事でも一度やり始めると納得いくまで諦めません。ソフトなイメージとは裏腹に、あなたは、けっこう意思の強い人です。同時に、頑固な一面があり、一度言い出したらテコでも動きません。責任感の強い人で、あなたに頼みごとをすると、しっかりやり遂げるので、周りからの信頼は絶大です。人の好き嫌いはハッキリしている方です。人をまとめる能力があり、組織では天下を取ろうとする傾向が強い人です。良い目標があるときのパワーには目を見張るものがあります。頭の聡明な人が多く、戦略家でもあります。

【あなたの職業適正】

あなたは職人気質の仕事人です。大器晩成の資質を持った人ですので、じっくり仕事に取り組んでいると、必ず周りから絶大な評価を得ることになります。周りの状況を的確に把握して、情報を操作する能力は抜群です。仕切り約や幹事役に向いています。組織においては、人を束ねるリーダーの役割があります。軍師的資質の持ち主です。

【あなたが輝くワンポイントアドバイス】

いつも着実に人生を見据えているあなたです。良い目標に出会うと申し分なく素晴らしい人生を送ることができるものです。あなたに必要なのは人との暖かいふれあいです。もうすこし心をオープンにし掛け値なしの付き合いを心がけましょう。

〈あなたの知りたい情報〉

心相数	基本数	ポジション数	運気数
729	639	1	7

〈あなたの特別の運命の人〉　三千年の旅をして出逢った人

1	合計して999になる人	279
2	同じ数の人	729
3	並び換えの人	279
4	受胎数・運気数グループ 9名	156 235 314 483 562 641 729 898 977

〈相性判定の基本数グループ〉　親子の流れ、恋人夫婦間、様々な相性の良い関係のグループ

基本数が同じ 369 639	213 246 279 516 549 573 819 843 876 369 123 156 189 426 459 483 729 753 786 639

〈あなたの親子の関係は〉

第一グループ	親を継ぐ数字。親との関係が深く親の面倒をみる役割。 親にみられる場合もあり、長男長女で生まれやすい。

〈組織での動きや仕事傾向〉

第一グループ	組織を大きくする能力、拡大志向。 マネジメント能力がある。組織の中で力を発揮する。

<八犬伝グループ>　一生を支える支援関係、仕事などで出逢いやすい関係

中心から八方向に伸びる塗つぶした枠の中の数字の人たちが、あなたを助け、あなたが助けるという役目をもった支援関係の人たち

279	371	472	573	**674**	775	876	977	**178**
281	**382**	483	584	**685**	786	887	**988**	189
292	393	**494**	595	**696**	797	**898**	999	191
314	415	516	**617**	**718**	**819**	911	112	213
325	**426**	**527**	**628**	**729**	**821**	**922**	**123**	**224**
336	437	538	**639**	**731**	**832**	933	134	235
347	448	**549**	641	**742**	843	**944**	145	246
358	**459**	551	652	**753**	854	955	**156**	257
369	461	562	663	**764**	865	966	167	**268**

729の人

紺・藍色
赤・ピンク
金・黄

【あなたの人生の配役・役割・使命】

自分の夢を追い求めて一途に意思を貫く人です。自分で決めた事は押し通す頑固さがあり、これがあなたの強引さにもつながっています。趣味でも仕事でもやり始めると納得いくまで諦めません。意思の強さは折り紙つきです。責任感が強く、自分の言動や行動に対しては決して人を裏切りません。人からの頼み事は徹底してやり遂げる人で、周りからの信頼は絶大です。人から指図され、また抑えつけられるのが嫌いで独立心が旺盛です。感性が豊かで、アイデアにすぐれ、政策立案や夢を描くプランニング能力が抜群で、理想を追い求めるロマンチストでもあります。我が道を行く人です。

【あなたの職業適正】

自分の夢を描いて、その夢の実現に向かって突き進むあなたは、責任感とこだわりの仕事人です。感性も豊かでプランニング能力もありますので感性の職種にも向いています。組織では、リーダーの器で、人を束ねては、自ら考えている夢に向かって突き進もうとします。人に使われるよりは自分のペースでできる職業や立場が良いでしょう。

【あなたが輝くワンポイントアドバイス】

大いなる夢を描いて、それを実現しようとしている姿は多くの人に感動を与えます。あなたが夢を実現して、幸せになるためには、どうしても、人との付き合いを大切にしなければなりません。広く人間関係を築いていくことがテーマです。

〈あなたの知りたい情報〉

心相数	基本数	ポジション数	運気数
731	696	3	8

〈あなたの特別の運命の人〉　三千年の旅をして出逢った人

1	合計して999になる人	268
2	同じ数の人	731
3	並び換えの人	371
4	受胎数・運気数グループ 9名	167 246 325 494 573 652 731 819 988

〈相性判定の基本数グループ〉　親子の流れ、恋人夫婦間、様々な相性の良い関係のグループ

基本数が同じ 393 696	235 268 292 538 562 595 832 865 898 393 134 167 191 437 461 494 731 764 797 696

〈あなたの親子の関係は〉

第三グループ	親を愛していないわけではないのですが、親元を離れていく傾向が強く、用事のあるときだけ帰ります。

〈組織での動きや仕事傾向〉

第三グループ	組織に拘らない、執着もうすい。納得のいく仕事がテーマ。人と同じにみられるのが嫌いで、開拓者精神旺盛。

＜八犬伝グループ＞ 一生を支える支援関係、仕事などで出逢いやすい関係

中心から八方向に伸びる塗つぶした枠の中の数字の人たちが、あなたを助け、あなたが助けるという役目をもった支援関係の人たち

281	382	483	584	685	786	887	988	189
292	393	494	595	696	797	898	999	191
314	415	516	617	718	819	911	112	213
325	426	527	628	729	821	922	123	224
336	437	538	639	**731**	832	933	134	235
347	448	549	641	742	843	944	145	246
358	459	551	652	753	854	955	156	257
369	461	562	663	764	865	966	167	268
371	472	573	674	775	876	977	178	279

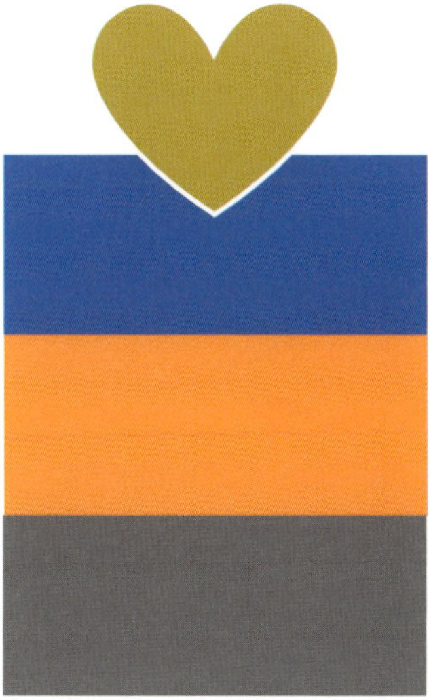

731の人

紺・藍色
オレンジ
銀

【あなたの人生の配役・役割・使命】

人生の目標に向かって着実に準備をして、いつの日か必ず達成するということができる優れた能力を持った人です。趣味でも仕事でもやりはじめると納得いくまで諦めません。意志が強く、自分の夢を実現するまでは何事にも妥協しません。反面、一度言い出したらテコでも動かない頑固さも合わせもっています。責任感が強く、人から頼みごとをされると、しっかりやり遂げるので周りからの信頼も絶大です。感性が豊かで、アイデアやプランニングの能力にすぐれています。また、同時に見えない神秘的な世界にも関心を持ち易い人です。行動力あふれる人で、変化を愛し、いつもじっとしているのが嫌いです。

【あなたの職業適正】

少し厳しいぐらいの責任感のある人なので、組織においても安心して仕事を任せられます。ただ、あまり組織には執着しない人で、今の場所から次へと移りたい場合には意外とあっさり次へ羽ばたいて行きます。また、いつも自分の納得できる仕事をしたいと考えているので、徹底してやる傾向があります。職人的な仕事が良いでしょう。

【あなたが輝くワンポイントアドバイス】

あなたは自分で描いた夢を着実に実現していく人です。あなたには思うことを実現する能力があります。今あなたが考えていることは、きっといつの日か必ず実現できるに違いありません。

〈あなたの知りたい情報〉

心相数	基本数	ポジション数	運気数
742	663	1	9

〈あなたの特別の運命の人〉　三千年の旅をして出逢った人

1	合計して999になる人	257
2	同じ数の人	742
3	並び換えの人	472
4	受胎数・運気数グループ 9名	178 257 336 415 584 663 742 821 999

〈相性判定の基本数グループ〉　親子の流れ、恋人夫婦間、様々な相性の良い関係のグループ

基本数が同じ 336 663	224 257 281 527 551 584 821 854 887 336 112 145 178 415 448 472 718 742 775 663

〈あなたの親子の関係は〉

第一グループ	親を継ぐ数字。親との関係が深く親の面倒をみる役割。 親にみられる場合もあり、長男長女で生まれやすい。

〈組織での動きや仕事傾向〉

第一グループ	組織を大きくする能力、拡大志向。 マネジメント能力がある。組織の中で力を発揮する。

<八犬伝グループ> 一生を支える支援関係、仕事などで出逢いやすい関係

中心から八方向に伸びる塗つぶした枠の中の数字の人たちが、あなたを助け、あなたが助けるという役目をもった支援関係の人たち

292	393	494	595	696	797	898	999	191
314	415	516	617	718	819	911	112	213
325	426	527	628	729	821	922	123	224
336	437	538	639	731	832	933	134	235
347	448	549	641	**742**	843	944	145	246
358	459	551	652	753	854	955	156	257
369	461	562	663	764	865	966	167	268
371	472	573	674	775	876	977	178	279
382	483	584	685	786	887	988	189	281

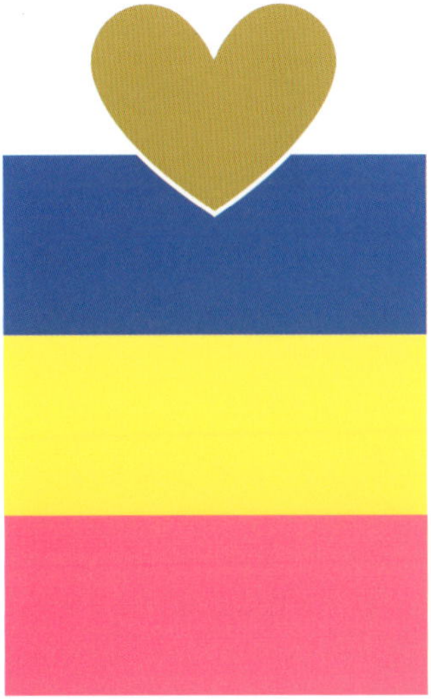

742の人

紺・藍色
黄
赤・ピンク

【あなたの人生の配役・役割・使命】
自分の信念をしっかりもっているあなた。趣味でも仕事でもやりはじめると納得いくまであきらめません。意志の強さでは他にひけを取りません。反面、あなたが一度言い出したらテコでも動かない頑固さがあります。行動的で、思ったら即実行に移さないと気が済まないタイプで、じっとしているのが嫌いです。独立心も旺盛です。責任感が強く、頼みごとに対しては、しっかりやり遂げるので周りから信頼が厚い人です。感性が豊かで芸術的センスも抜群です。アイデアやプランニング能力にも優れ、何をさせても安心して任せられます。

【あなたの職業適正】
自分で絵を描いて、それを実行に移し、しかも、実現するまで諦めない。この仕事における三つの能力を兼ね備えた人で、理想的な仕事人です。あなたに仕事を任せるとおもしろいように実現して行きます。人に使われる立場でも遺憾なくこの能力が発揮され、組織では皆の信頼を集め重要なポジションを任され易い人です。

【あなたが輝くワンポイントアドバイス】
あなたはいろいろな才能のある人です。バランス良く何でもできることが、逆に自分の職業や人生の目標を漠然としたものにしてしまっています。もう一度原点に立ち返って、自分の能力を信じてみましょう。

〈あなたの知りたい情報〉

心相数	基本数	ポジション数	運気数
753	639	2	1

〈あなたの特別の運命の人〉　三千年の旅をして出逢った人

1	合計して999になる人	246
2	同じ数の人	753
3	並び換えの人	573
4	受胎数・運気数グループ 9名	189 268 347 426 595 674 753 832 911

〈相性判定の基本数グループ〉　親子の流れ、恋人夫婦間、様々な相性の良い関係のグループ

基本数が同じ 369 639	213 246 279 516 549 573 819 843 876 369 123 156 189 426 459 483 729 753 786 639

〈あなたの親子の関係は〉

第二グループ	ピンチヒッター役で、誰も親の面倒をみる人がいないと役割がまわってきます。

〈組織での動きや仕事傾向〉

第二グループ	二番手が向いている。一番手になろうとすると辛い。 番頭役や調整役に適している。

＜八犬伝グループ＞ 一生を支える支援関係、仕事などで出逢いやすい関係

中心から八方向に伸びる塗つぶした枠の中の数字の人たちが、あなたを助け、あなたが助けるという役目をもった支援関係の人たち

314	415	516	617	718	819	911	112	213
325	426	527	628	729	821	922	123	224
336	437	538	639	731	832	933	134	235
347	448	549	641	742	843	944	145	246
358	459	551	652	**753**	854	955	156	257
369	461	562	663	764	865	966	167	268
371	472	573	674	775	876	977	178	279
382	483	584	685	786	887	988	189	281
393	494	595	696	797	898	999	191	292

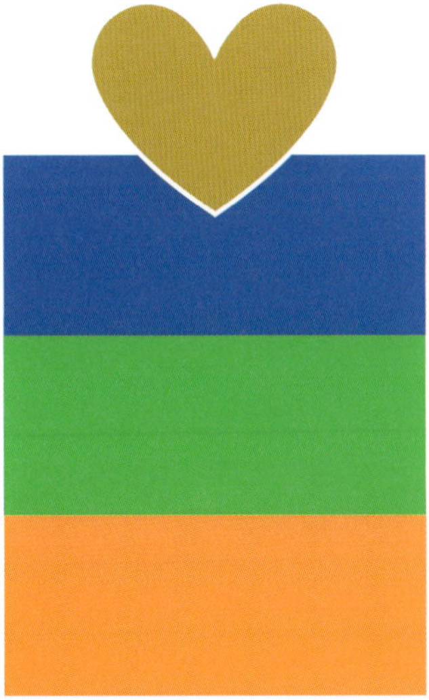

753の人

紺・藍色
緑
オレンジ

【あなたの人生の配役・役割・使命】
あなたは意思が強い人で、趣味でも仕事でもやり始めた事は納得いくまで諦めません。反面、頑固さも持ち合わせています。責任感も強く、頼まれごとに対しては朝までかかってもやり遂げるので信頼性も抜群です。仕事を頼んで安心できる人です。人に縁があり、人からかわいがられて人生のチャンスを手にします。気配りも上手な人。人が大好きで友人知人が多いが、人の好き嫌いがハッキリしています。プランニングの能力にも優れ、何をさせてもできる人です。行動力もあり、変化していることが好きなため、じっとしているのが嫌いです。

【あなたの職業適正】
夢を描き、その夢の実現に向かって妥協を許さないあなたは根っからの仕事人です。一生をかけられる職人的な仕事で能力を発揮します。あなたの場合は、人に縁があり、人が大好きですので、人間関係を直接テーマとする仕事が良いでしょう。人をプロデュースする仕事に向いています。接客業やサービス業でも能力を発揮します。

【あなたが輝くワンポイントアドバイス】
いろいろと話題を豊富に持っている人で、人をひきつける魅力には天性のものがあります。人が喜ぶことをプロデュースしてみましょう。あなたしかできない能力です。それを仕事に反映できたとき、一生の仕事になるのです。

〈あなたの知りたい情報〉

心相数	基本数	ポジション数	運気数
764	696	2	2

〈あなたの特別の運命の人〉 三千年の旅をして出逢った人

1	合計して999になる人	235
2	同じ数の人	764
3	並び換えの人	674
4	受胎数・運気数グループ 9名	191 279 358 437 516 685 764 843 922

〈相性判定の基本数グループ〉 親子の流れ、恋人夫婦間、様々な相性の良い関係のグループ

基本数が同じ 393 696	235 268 292 538 562 595 832 865 898 393 134 167 191 437 461 494 731 764 797 696

〈あなたの親子の関係は〉

第二グループ	ピンチヒッター役で、誰も親の面倒をみる人がいないと役割がまわってきます。

〈組織での動きや仕事傾向〉

第二グループ	二番手が向いている。一番手になろうとすると辛い。 番頭役や調整役に適している。

＜八犬伝グループ＞ 一生を支える支援関係、仕事などで出逢いやすい関係

中心から八方向に伸びる塗つぶした枠の中の数字の人たちが、あなたを助け、あなたが助けるという役目をもった支援関係の人たち

325	426	527	628	729	821	922	123	224
336	437	538	639	731	832	933	134	235
347	448	549	641	742	843	944	145	246
358	459	551	652	753	854	955	156	257
369	461	562	663	**764**	865	966	167	268
371	472	573	674	775	876	977	178	279
382	483	584	685	786	887	988	189	281
393	494	595	696	797	898	999	191	292
415	516	617	718	819	911	112	213	314

764の人

紺・藍色

青

黄

【あなたの人生の配役・役割・使命】

人の縁が深いあなたは、人が大好きで友人知人も多くいます。人とのご縁が宝物です。やり始めた事は納得いくまで諦めません。意思の強さはなかなかのものです。反面、一度言い出したらテコでも動かない頑固さも併せ持っています。責任感も強いので、周りの人から信頼が厚い人です。頼みごともきっちりやってくれるので安心して任せられます。人をコーディネートする能力は抜群です。周りの状況を把握していく情報通として一目置かれています。人の悩み事の相談をされやすく、トラブル処理の役割もあります。行動力もあり、人をまとめる能力に秀でていて、涙もろい人情家です。

【あなたの職業適正】

行動力があり人間関係も多彩で、しかも責任感旺盛のあなたは、人から信頼されて仕事のチャンスを手にすることになります。あなたが所属している組織や仲間の間では、あなたは皆の調整役やまとめ役としてなくてはならない存在です。人をコーディネートし、またプロデュースする職業に能力を発揮します。また、人が好きで情報通のあなたは、人と接触するサービス業、教育といった分野にも向いています。

【あなたが輝くワンポイントアドバイス】

しっかりもので人を思う心の優しさが抜群のあなたは、周りの友人知人、職場の付き合いにおいては絶大な信頼を得ています。この関係を維持していくことがあなたが輝く道であります。

〈あなたの知りたい情報〉

心相数	基本数	ポジション数	運気数
775	663	1	3

〈あなたの特別の運命の人〉　三千年の旅をして出逢った人

1	合計して999になる人	224
2	同じ数の人	775
3	並び換えの人	775
4	受胎数・運気数グループ 9名	112 281 369 448 527 696 775 854 933

〈相性判定の基本数グループ〉　親子の流れ、恋人夫婦間、様々な相性の良い関係のグループ

基本数が同じ 336 663	224 257 281 527 551 584 821 854 887 336 112 145 178 415 448 472 718 742 775 663

〈あなたの親子の関係は〉

第一グループ	親を継ぐ数字。親との関係が深く親の面倒をみる役割。 親にみられる場合もあり、長男長女で生まれやすい。

〈組織での動きや仕事傾向〉

第一グループ	組織を大きくする能力、拡大志向。 マネジメント能力がある。組織の中で力を発揮する。

＜八犬伝グループ＞ 一生を支える支援関係、仕事などで出逢いやすい関係

中心から八方向に伸びる塗つぶした枠の中の数字の人たちが、あなたを助け、あなたが助けるという役目をもった支援関係の人たち

336	437	538	639	731	832	933	134	235
347	448	549	641	742	843	944	145	246
358	459	551	652	753	854	955	156	257
369	461	562	663	764	865	966	167	268
371	472	573	674	**775**	876	977	178	279
382	483	584	685	786	887	988	189	281
393	494	595	696	797	898	999	191	292
415	516	617	718	819	911	112	213	314
426	527	628	729	821	922	123	224	325

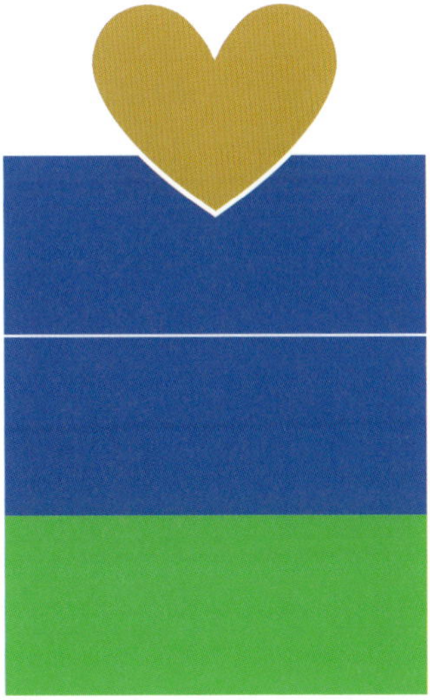

775の人

紺・藍色
紺・藍色
緑

【あなたの人生の配役・役割・使命】
いろいろな分野で人に妥協せずに自分の世界を築いている人が多い。職人気質でひとつのことを完成するまで徹底してやる意志力は他の追随を許しません。趣味でも仕事でもやり始めると納得いくまであきらめません。責任感も強く、人を裏切らず、頼みごとも安心して任せられる人で、周りの信頼も厚い人です。人に縁のある人で、基本的には人が大好きです。しかし、人の好き嫌いはハッキリしていて、好きな人とだけ、とことん付き合います。年を重ねるほど人の信頼を勝ち得て、人からチャンスを頂いて成功を収めます。組織の中では自分の世界を築きたがり、リーダーの器があります。拡大志向の人です。

【あなたの職業】
信念の人で、一度決めた道を徹底してやるので、その道で自分のポジションを確立しやすいタイプです。頑固な性格の持ち主で天性の職人的な仕事人です。仕事や組織活動においては、拡大志向が強く、一度始めると徹底して大きくしようとする傾向があります。自分で絵を描くというよりは、ほかの人が描いた絵を現実化することに天性の能力を発揮します。地道に実績を上げて評価される人です。

【あなたが輝くワンポイントアドバイス】
あなたは信念のかたまりの人です。仕事やプライベートのことでも、一生の職業や人生の目標が決まっていると光り輝いて見えます。一にも二にも生きがいのあるものを見つけるのが充実する道といえます。

〈あなたの知りたい情報〉

心相数	基本数	ポジション数	運気数
786	639	3	4

〈あなたの特別の運命の人〉　三千年の旅をして出逢った人

1	合計して999になる人	213
2	同じ数の人	786
3	並び換えの人	876
4	受胎数・運気数グループ 9名	123 292 371 459 538 617 786 865 944

〈相性判定の基本数グループ〉　親子の流れ、恋人夫婦間、様々な相性の良い関係のグループ

基本数が同じ 369 639	213 246 279 516 549 573 819 843 876 369 123 156 189 426 459 483 729 753 786 639

〈あなたの親子の関係は〉

第三グループ	親を愛していないわけではないのですが、親元を離れていく傾向が強く、用事のあるときだけ帰ります。

〈組織での動きや仕事傾向〉

第三グループ	組織に拘らない、執着もうすい。納得のいく仕事がテーマ。人と同じにみられるのが嫌いで、開拓者精神旺盛。

<八犬伝グループ> 一生を支える支援関係、仕事などで出逢いやすい関係

中心から八方向に伸びる塗つぶした枠の中の数字の人たちが、あなたを助け、あなたが助けるという役目をもった支援関係の人たち

347	448	549	641	742	843	944	145	246
358	459	551	652	753	854	955	156	257
369	461	562	663	764	865	966	167	268
371	472	573	674	775	876	977	178	279
382	483	584	685	**786**	887	988	189	281
393	494	595	696	797	898	999	191	292
415	516	617	718	819	911	112	213	314
426	527	628	729	821	922	123	224	325
437	538	639	731	832	933	134	235	336

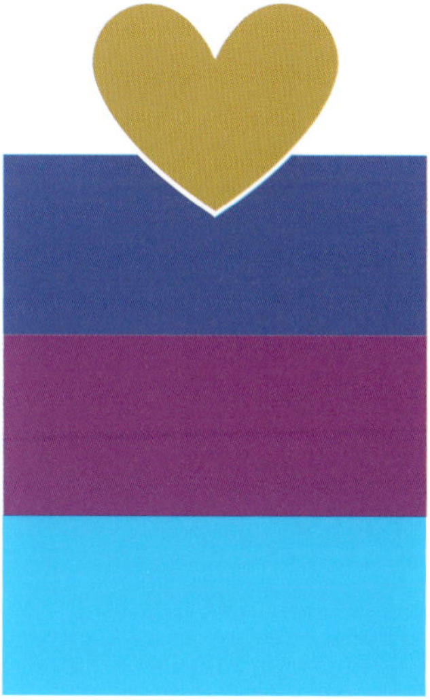

786の人

紺・藍色
紫
青

【あなたの人生の配役・役割・使命】
バランス感覚に優れた人で、周りの人から信頼が厚い人です。いろいろな分野で着実に自分の世界を築き、人生に必ず評価を得る人です。趣味でも仕事でも、これはと思ったら納得いくまであきらめません。意思が強く、一度始めた事は何らかの形を残す人です。責任感の強い人で、頼まれると、朝までかけてもやり遂げます。人の縁が深い人で、周りからかわいがられて人生のチャンスを手にします。人をコーディネートする能力は抜群で、頼りがいのある人です。冷静かつ論理的に物事を考えることが得意で、皆から悩み事の相談を持ちかけられやすい。

【あなたの職業適正】
人が好きで、責任感抜群で、しかも自ら陣頭指揮をとって仕事を成し遂げる能力は天性のものです。このようなバランスは、社会における組織的な活動に向いています。派手な動きよりも地道な仕事が信用を得て成功するポイントです。

【あなたが輝くワンポイントアドバイス】
バランス感覚に優れた、極めて有能な資質を持ったあなたです。人を調和する能力に長けていますから積極的に人に関わり、リーダーの役割を演じてみてください。

〈あなたの知りたい情報〉

心相数	基本数	ポジション数	運気数
797	696	1	5

〈あなたの特別の運命の人〉 三千年の旅をして出逢った人

1	合計して999になる人	292
2	同じ数の人	797
3	並び換えの人	977
4	受胎数・運気数グループ 9名	134 213 382 461 549 628 797 876 955

〈相性判定の基本数グループ〉 親子の流れ、恋人夫婦間、様々な相性の良い関係のグループ

基本数が同じ 393 696	235 268 292 538 562 595 832 865 898 393 134 167 191 437 461 494 731 764 797 696

〈あなたの親子の関係は〉

第一グループ	親を継ぐ数字。親との関係が深く親の面倒をみる役割。 親にみられる場合もあり、長男長女で生まれやすい。

〈組織での動きや仕事傾向〉

第一グループ	組織を大きくする能力、拡大志向。 マネジメント能力がある。組織の中で力を発揮する。

<八犬伝グループ> 一生を支える支援関係、仕事などで出逢いやすい関係

中心から八方向に伸びる塗つぶした枠の中の数字の人たちが、あなたを助け、あなたが助けるという役目をもった支援関係の人たち

358	459	551	652	753	854	955	156	257
369	461	562	663	764	865	966	167	268
371	472	573	674	775	876	977	178	279
382	483	584	685	786	887	988	189	281
393	494	595	696	**797**	898	999	191	292
415	516	617	718	819	911	112	213	314
426	527	628	729	821	922	123	224	325
437	538	639	731	832	933	134	235	336
448	549	641	742	843	944	145	246	347

797の人

紺・藍色
金・黄
紺・藍色

【あなたの人生の配役・役割・使命】
一見、外見の穏やかさとは正反対で、自分がこれはと思ったことに対しては信念を貫く頑固さがある人です。いろいろな分野で、その頑固さが自分独自の世界を作り成功を収めています。趣味でも仕事でもやり始めると納得いくまであきらめません。責任感が強く、自分が引き受けた仕事に対しては徹底してやり遂げるので、周りからの信頼は絶大です。人の好き嫌いはハッキリしています。無理して人に合わせる事はしません。組織の中では、我が道を行くように見えながら、しかし、自分の世界をしっかり築こうとします。論理的に理詰めで考える人です。

【あなたの職業適正】
一言居士として周囲に妥協せずに徹底して突き進むあなた。信念の強さが、周りから信頼を得ています。職人的な仕事に向いています。理論派で論理的志向の持ち主ですので、組織において成功します。大器晩成型の人で、地道な実績を積み重ねて、評価を得て成功する人です。

【あなたが輝くワンポイントアドバイス】
信念のかたまりで、自分の信じたことを実現するまで決して諦めません。あなたのような存在は、現代の社会では極めて貴重な存在になっています。あなたの一途なまでの頑固さが逆に成功を可能にしています。

〈あなたの知りたい情報〉

心相数	基本数	ポジション数	運気数
819	369	3	8

〈あなたの特別の運命の人〉　三千年の旅をして出逢った人

1	合計して999になる人	189
2	同じ数の人	819
3	並び換えの人	189
4	受胎数・運気数グループ 9名	167 246 325 494 573 652 731 819 988

〈相性判定の基本数グループ〉　親子の流れ、恋人夫婦間、様々な相性の良い関係のグループ

基本数が同じ 639 369	123 156 189 426 459 483 729 753 786 639 213 246 279 516 549 573 819 843 876 369

〈あなたの親子の関係は〉

第三グループ	親を愛していないわけではないのですが、親元を離れていく傾向が強く、用事のあるときだけ帰ります。

〈組織での動きや仕事傾向〉

第三グループ	組織に拘らない、執着もうすい。納得のいく仕事がテーマ。人と同じにみられるのが嫌いで、開拓者精神旺盛。

＜八犬伝グループ＞ 一生を支える支援関係、仕事などで出逢いやすい関係

中心から八方向に伸びる塗つぶした枠の中の数字の人たちが、あなたを助け、あなたが助けるという役目をもった支援関係の人たち

369	461	562	663	764	865	966	167	268
371	472	573	674	775	876	977	178	279
382	483	584	685	786	887	988	189	281
393	494	595	696	797	898	999	191	292
415	516	617	718	**819**	911	112	213	314
426	527	628	729	821	922	123	224	325
437	538	639	731	832	933	134	235	336
448	549	641	742	843	944	145	246	347
459	551	652	753	854	955	156	257	358

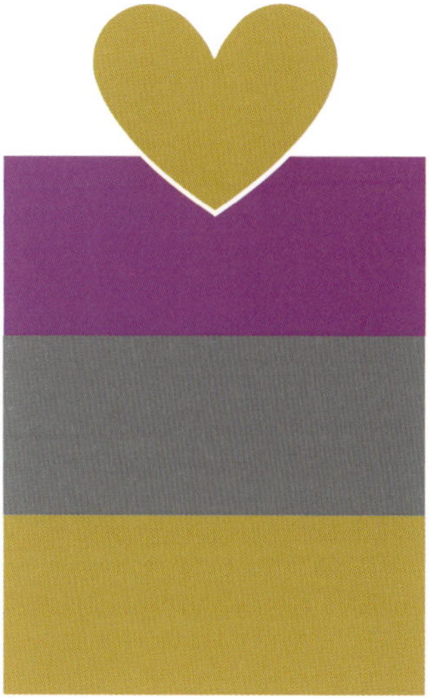

819の人

紫
銀
金・黄

【あなたの人生の配役・役割・使命】

頭の賢い人で論理的・分析的にいろいろと戦略を描く能力に優れています。人の中でいつも自分の役割やポジションが気になる人で、人から無視されるのが一番辛い人です。仕切り役や幹事役をしたがるので、周りからは頼られる存在です。期待されると頑張る人。皆から御輿に担ぎ上げられていると嬉しくなります。目標があるときのパワーはなかなかのもので、充実して輝いて見えます。感性も豊かで芸術的なセンスも抜群で、アイデアにも優れています。なんとなく存在感があり、人を温かく包み込む雰囲気があります。人から頼まれると嫌といえない性分でもあります。開拓精神旺盛な人です。

【あなたの職業適正】

あなたは自分の信じる道を我が道を行くといった人で、周りの評価には耳を貸さずに淡々と歩んでいます。感性も豊かで芸術的センスも抜群にある人ですので、芸術的な分野や感性を活かす分野で能力を発揮します。あまり人とワイワイガヤガヤするよりは自分のペースで行動していることが楽。接客業やサービス業には向いていません。コンサルタントに向いています。

【あなたが輝くワンポイントアドバイス】

あなたは「我が道」で歩んでいる人です。しかし、あなたの人生は、意外と人とかかわることで成り立っています。あなたが一番輝くとき、いうまでもなく皆から期待されている時にほかなりません。人と積極的にかかわっていきましょう。

〈あなたの知りたい情報〉

心相数	基本数	ポジション数	運気数
821	336	3	9

〈あなたの特別の運命の人〉　三千年の旅をして出逢った人

1	合計して999になる人	178
2	同じ数の人	821
3	並び換えの人	281
4	受胎数・運気数グループ 9名	178 257 336 415 584 663 742 821 999

〈相性判定の基本数グループ〉　親子の流れ、恋人夫婦間、様々な相性の良い関係のグループ

基本数が同じ 663 336	112 145 178 415 448 472 718 742 775 663 224 257 281 527 551 584 821 854 887 336

〈あなたの親子の関係は〉

第三グループ	親を愛していないわけではないのですが、親元を離れていく傾向が強く、用事のあるときだけ帰ります。

〈組織での動きや仕事傾向〉

第三グループ	組織に拘らない、執着もうすい。納得のいく仕事がテーマ。人と同じにみられるのが嫌いで、開拓者精神旺盛。

＜八犬伝グループ＞一生を支える支援関係、仕事などで出逢いやすい関係

中心から八方向に伸びる塗つぶした枠の中の数字の人たちが、あなたを助け、あなたが助けるという役目をもった支援関係の人たち

371	472	573	674	775	876	977	178	279
382	483	584	685	786	887	988	189	281
393	494	595	696	797	898	999	191	292
415	516	617	718	819	911	112	213	314
426	527	628	729	**821**	922	123	224	325
437	538	639	731	832	933	134	235	336
448	549	641	742	843	944	145	246	347
459	551	652	753	854	955	156	257	358
461	562	663	764	865	966	167	268	369

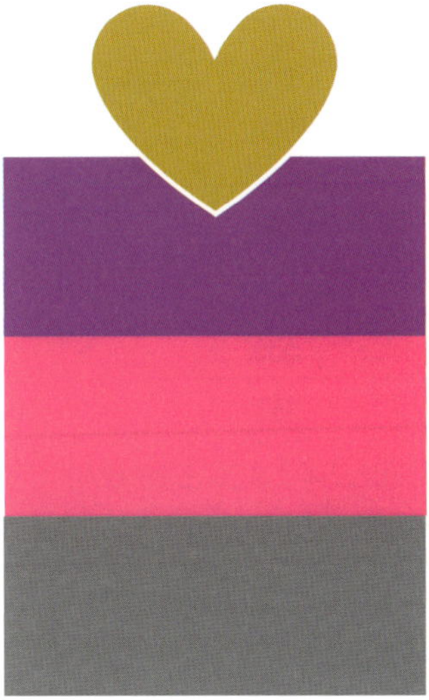

821の人

紫
赤・ピンク
銀

【あなたの人生の配役・役割・使命】

自分のペースで我が道を行く人です。仕切り役や幹事役をすることが多いために周りの人からは、人が大好きだと思われていますが、しかし、自分の時間を大切にし、あまり、人とベッタリ付き合うのは得意ではありません。人から頼られ、また期待されると嬉しくなって頑張ります。人から指図され、また抑えつけられることが嫌いで、自分のペースでやりたがります。独立心旺盛な人。感性が豊かで芸術的なセンスのある人で、けっこうアイデアマンでもあります。いつも目標が必要な人で良い目標があると輝いてみえます。人と同じことをやるのは嫌で開拓者精神が旺盛です。

【あなたの職業適正】

人とはベッタリ付き合うのが得意ではないので仕事もできれば自分のペースでしたがる傾向があります。人に使われるのが嫌いな人で独立心も旺盛です。事業を起こす人も多い。感性が豊かで芸術的センスも優れた人ですから、芸術的な分野や感性を活かせる道で能力を発揮します。人と同じ事は嫌で「自分は人と違う」という自負をいつも持っています。アイデアを活かして独自の世界を築きやすい人です。

【あなたが輝くワンポイントアドバイス】

自分の世界を大切にするあなた。感性の世界の住人と称される人で、自分の感覚のままに自由に生きています。一見、自分勝手で我が道を行く人ですが、意外と人のぬくもりが必要な人です。あなたには周りの人からの心からの期待が元気の素です。

〈あなたの知りたい情報〉

心相数	基本数	ポジション数	運気数
832	393	1	1

〈あなたの特別の運命の人〉 三千年の旅をして出逢った人

1	合計して999になる人	167
2	同じ数の人	832
3	並び換えの人	382
4	受胎数・運気数グループ 9名	189 268 347 426 595 674 753 832 911

〈相性判定の基本数グループ〉 親子の流れ、恋人夫婦間、様々な相性の良い関係のグループ

基本数が同じ 696 393	134 167 191 437 461 494 731 764 797 696 235 268 292 538 562 595 832 865 898 393

〈あなたの親子の関係は〉

第一グループ	親を継ぐ数字。親との関係が深く親の面倒をみる役割。 親にみられる場合もあり、長男長女で生まれやすい。

〈組織での動きや仕事傾向〉

第一グループ	組織を大きくする能力、拡大志向。 マネジメント能力がある。組織の中で力を発揮する。

<八犬伝グループ> 一生を支える支援関係、仕事などで出逢いやすい関係

中心から八方向に伸びる塗つぶした枠の中の数字の人たちが、あなたを助け、あなたが助けるという役目をもった支援関係の人たち

382	483	584	685	786	887	988	189	281
393	494	595	696	797	898	999	191	292
415	516	617	718	819	911	112	213	314
426	527	628	729	821	922	123	224	325
437	538	639	731	**832**	933	134	235	336
448	549	641	742	843	944	145	246	347
459	551	652	753	854	955	156	257	358
461	562	663	764	865	966	167	268	369
472	573	674	775	876	977	178	279	371

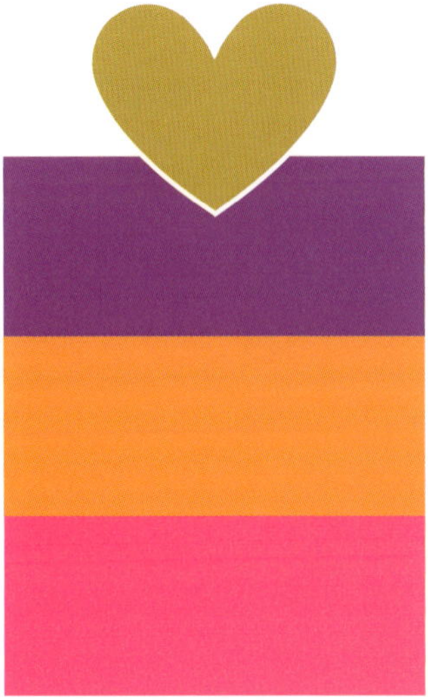

832の人

紫
オレンジ
赤・ピンク

【あなたの人生の配役・役割・使命】

人から指図されたり抑えられたりすることが嫌いです。独立心旺盛。人に使われるのが嫌いなために若くして自分の世界を築く人が多い。事業の世界では、創業者のタイプです。自分の能力に自信のある人が多く、人の中でいつも中心に居ます。人から能力を評価されたり、頼られたりすると嬉しくなり頑張る人です。逆に、人から無視されたり批判されたりすると途端に弱気になってやる気を失ってしまいます。感性が豊かで芸術的なセンスは抜群です。アイデアがあり、プランニング能力にすぐれています。行動力のある人で、思った事は即実行に移さないと気が済みません。

【あなたの職業適正】

あなたは、感性が豊かで芸術的センスも抜群で、アイデアやプランニング能力にも優れている人です。芸術分野をはじめ感性を活かせる分野で能力を発揮します。また、人に使われるのが嫌で、自分で事業を起こす傾向があります。ビジネスでは若くして成功する創業者が多い。組織では、プランニング能力があり、行動力もありますので周りから一目置かれる存在です。

【あなたが輝くワンポイントアドバイス】

人に指図され、また使われるのが苦手なあなたです。自分の才能を認めてくれる人がいると、これほど才能を発揮する人もいません。あなたにとっての人生は、あなたを理解し支えてくれる人にどれだけ出会えるかにかかっています。

〈あなたの知りたい情報〉

心相数	基本数	ポジション数	運気数
843	369	2	2

〈あなたの特別の運命の人〉 三千年の旅をして出逢った人

1	合計して999になる人	156
2	同じ数の人	843
3	並び換えの人	483
4	受胎数・運気数グループ 9名	191 279 358 437 516 685 764 843 922

〈相性判定の基本数グループ〉 親子の流れ、恋人夫婦間、様々な相性の良い関係のグループ

基本数が同じ 639 369	123 156 189 426 459 483 729 753 786 639 213 246 279 516 549 573 819 843 876 369

〈あなたの親子の関係は〉

第二グループ	ピンチヒッター役で、誰も親の面倒をみる人がいないと役割がまわってきます。

〈組織での動きや仕事傾向〉

第二グループ	二番手が向いている。一番手になろうとすると辛い。 番頭役や調整役に適している。

<八犬伝グループ> 一生を支える支援関係、仕事などで出逢いやすい関係

中心から八方向に伸びる塗つぶした枠の中の数字の人たちが、あなたを助け、あなたが助けるという役目をもった支援関係の人たち

393	494	595	696	797	898	999	191	292
415	516	617	718	819	911	112	213	314
426	527	628	729	821	922	123	224	325
437	538	639	731	832	933	134	235	336
448	549	641	742	**843**	944	145	246	347
459	551	652	753	854	955	156	257	358
461	562	663	764	865	966	167	268	369
472	573	674	775	876	977	178	279	371
483	584	685	786	887	988	189	281	382

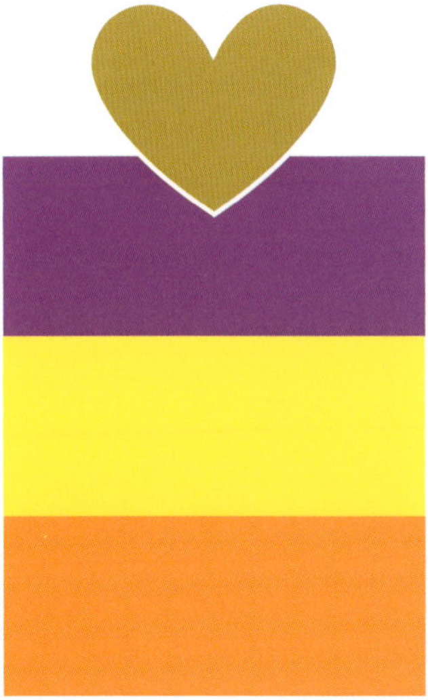

843の人

紫
黄
オレンジ

【あなたの人生の配役・役割・使命】

人の中で、なんとなく目立つ存在。人の縁が深い人で、皆から支えられて人生のチャンスを手にする人です。人間関係がうまくいっていると、自分を中心に世の中が回っていると思えるほど自信がわいてきて輝いて見えます。友人知人が自然と集まってきて多くの人に慕われています。行動力抜群で、思ったら即実行に移さないと気が済みません。変化を好み、じっとしているのが嫌いです。感性も豊かで美的センスも優れています。アイデアもあり芸術方面への造詣も深い人です。人を調整する能力は絶妙で、人を温かく包み込む雰囲を持っています。人を愛する情熱は人一倍強いタイプです。

【あなたの職業適正】

人の縁で良い仕事をする人です。感性も豊かで芸術的センスも抜群な人で、その能力を活かせる分野に適しています。また、文章能力に独特の才能を発揮する人も多く出版や執筆行にも能力を発揮します。人が大好きな人で友人知人も多い人ですので、周りから支えられて上手く行きます。行動的で、アイデアもあるので、自分で独立して事業を始める人も多くいます。

【あなたが輝くワンポイントアドバイス】

人に支えられて人生のチャンスを得ているあなたです。あなたほど人との付き合いを大切にしている人は他にはいません。これからもあなたにとっての最大の財産はあなたの周りの友人知人です。ときには周りの友人のために動いてみましょう。

〈あなたの知りたい情報〉

心相数	基本数	ポジション数	運気数
854	336	3	3

〈あなたの特別の運命の人〉 三千年の旅をして出逢った人

1	合計して999になる人	145
2	同じ数の人	854
3	並び換えの人	584
4	受胎数・運気数グループ 9名	112 281 369 448 527 696 775 854 933

〈相性判定の基本数グループ〉 親子の流れ、恋人夫婦間、様々な相性の良い関係のグループ

基本数が同じ 663 336	112 145 178 415 448 472 718 742 775 663 224 257 281 527 551 584 821 854 887 336

〈あなたの親子の関係は〉

第三グループ	親を愛していないわけではないのですが、親元を離れていく傾向が強く、用事のあるときだけ帰ります。

〈組織での動きや仕事傾向〉

第三グループ	組織に拘らない、執着もうすい。納得のいく仕事がテーマ。人と同じにみられるのが嫌いで、開拓者精神旺盛。

<八犬伝グループ> 一生を支える支援関係、仕事などで出逢いやすい関係

中心から八方向に伸びる塗つぶした枠の中の数字の人たちが、あなたを助け、あなたが助けるという役目をもった支援関係の人たち

415	516	617	718	819	911	112	213	314
426	527	628	729	821	922	123	224	325
437	538	639	731	832	933	134	235	336
448	549	641	742	843	944	145	246	347
459	551	652	753	**854**	955	156	257	358
461	562	663	764	865	966	167	268	369
472	573	674	775	876	977	178	279	371
483	584	685	786	887	988	189	281	382
494	595	696	797	898	999	191	292	393

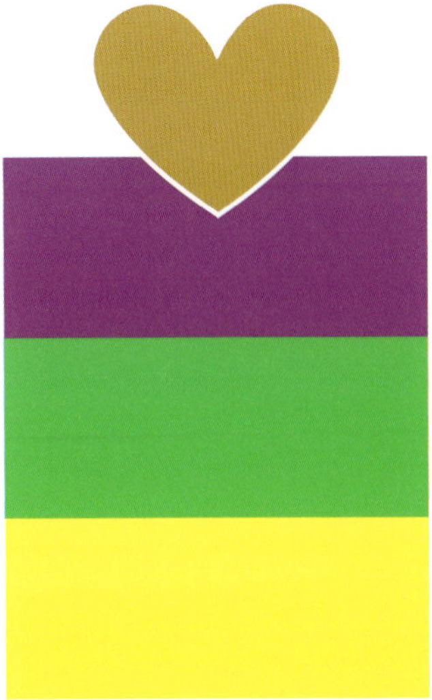

854の人

紫 緑 黄

【あなたの人生の配役・役割・使命】
天性の人との縁をもって生まれてきた人で、人間関係の中で、人をコーディネートする能力に長け、仕切り役や幹事役として周りからの信頼の厚い人です。人脈が財産のような人で、人からかわいがられて人生のチャンスを掴みます。行動力も抜群で、思ったら即実行に移さないときが済まない人です。人に会うのは、さほど苦にならない人で一日何名でも会うことが出来ます。親分肌で気配り上手なために、周りの人から慕われています。感動的な場面では涙を流す人情家でもあります。組織をまとめるのは得意ですが、自らは組織に縛られるのは嫌いです。人と同じことをやるのが嫌いで開拓者精神旺盛です。

【あなたの職業適正】
感性が豊かで芸術的センスが抜群の人で、芸術方面で活躍する人が多くいます。人が大好きで友人知人も多いので、人からチャンスを頂いて成功します。また、社会の活動にも積極的にかかわる傾向があり、人をコーディネートし、プロデュースする仕事に天性の能力を発揮します。開拓者精神も旺盛です。組織にはこだわらず自分の納得いく仕事をします。調整する役も向いています。

【あなたが輝くワンポイントアドバイス】
天性のプロデューサーの資質を持ったあなたです。あなたは運命的に人をまとめる使命が与えられています。友達をまとめ、職場や社会のさまざまな活動でプロデュースします。これはあなたしか出来ない役割です。

〈あなたの知りたい情報〉

心相数	基本数	ポジション数	運気数
865	393	2	4

〈あなたの特別の運命の人〉　三千年の旅をして出逢った人

1	合計して999になる人	134
2	同じ数の人	865
3	並び換えの人	685
4	受胎数・運気数グループ 9名	123 292 371 459 538 617 786 865 944

〈相性判定の基本数グループ〉　親子の流れ、恋人夫婦間、様々な相性の良い関係のグループ

基本数が同じ 696 393	134 167 191 437 461 494 731 764 797 696 235 268 292 538 562 595 832 865 898 393

〈あなたの親子の関係は〉

第二グループ	ピンチヒッター役で、誰も親の面倒をみる人がいないと役割がまわってきます。

〈組織での動きや仕事傾向〉

第二グループ	二番手が向いている。一番手になろうとすると辛い。 番頭役や調整役に適している。

<八犬伝グループ> 一生を支える支援関係、仕事などで出逢いやすい関係

中心から八方向に伸びる塗つぶした枠の中の数字の人たちが、あなたを助け、あなたが助けるという役目をもった支援関係の人たち

426	527	628	729	**821**	922	123	224	**325**
437	**538**	639	731	**832**	933	134	**235**	336
448	549	**641**	742	**843**	944	**145**	246	347
459	551	652	**753**	**854**	**955**	156	257	358
461	**562**	**663**	**764**	**865**	**966**	**167**	**268**	**369**
472	573	674	**775**	**876**	**977**	178	279	371
483	584	**685**	786	**887**	988	**189**	281	382
494	**595**	696	797	**898**	999	191	**292**	393
516	617	718	819	**911**	112	213	314	**415**

865の人

紫 青 緑

【あなたの人生の配役・役割・使命】

あなたは典型的な人間関係で幸せになれる人です。人を大切にしていると周りが勝手にレールを敷いてくれます。人からかわいがられて人生のチャンスを掴みます。人が大好きで友達が多くいます。人が自慢の財産になっています。人をコーディネートする役割があり、周りの人への気配り上手です。多くの人があなたを慕って集まって来ます。人の悩み事の相談にのることも多く、トラブル処理の役割も果たしています。人から無視されるのが一番嫌です。逆に、皆から頼られ、また期待されると元気が出てきて頑張ります。仕切り役や幹事役をしていると気持ちが良く、周りの人もあなたに対する信頼感は絶大です。

【あなたの職業適正】

これほど人に縁のある人もめずらしく、人をまとめる天性の役割を持って生まれた人です。友達が多いので人に関する情報が集まりやすく、人をコーディネートし、またプロデュースする分野で能力を発揮します。流行にも敏感で、人とかかわる接客業やサービス業にも向いています。組織では、あなたの存在が周りの雰囲気をよくしています。仕切り役や幹事役に適していています。

【あなたが輝くワンポイントアドバイス】

あなたは人をコーディネートしプロデュースするために生まれてきたような人です。あなた自身も人の中でこそ華になり輝いて見えます。それが分かれば、一にも二にも人とのかかわりを深め、人脈を広げることが幸せを手にする最大のテーマとなってくるものです。

〈あなたの知りたい情報〉

心相数	基本数	ポジション数	運気数
876	369	1	5

〈あなたの特別の運命の人〉　三千年の旅をして出逢った人

1	合計して999になる人	123
2	同じ数の人	876
3	並び換えの人	786
4	受胎数・運気数グループ 9名	134 213 382 461 549 628 797 876 955

〈相性判定の基本数グループ〉　親子の流れ、恋人夫婦間、様々な相性の良い関係のグループ

基本数が同じ 639 369	123 156 189 426 459 483 729 753 786 639 213 246 279 516 549 573 819 843 876 369

〈あなたの親子の関係は〉

第一グループ	親を継ぐ数字。親との関係が深く親の面倒をみる役割。 親にみられる場合もあり、長男長女で生まれやすい。

〈組織での動きや仕事傾向〉

第一グループ	組織を大きくする能力、拡大志向。 マネジメント能力がある。組織の中で力を発揮する。

<八犬伝グループ> 一生を支える支援関係、仕事などで出逢いやすい関係

中心から八方向に伸びる塗つぶした枠の中の数字の人たちが、あなたを助け、あなたが助けるという役目をもった支援関係の人たち

437	538	639	731	832	933	134	235	336
448	549	641	742	843	944	145	246	347
459	551	652	753	854	955	156	257	358
461	562	663	764	865	966	167	268	369
472	573	674	775	**876**	977	178	279	371
483	584	685	786	887	988	189	281	382
494	595	696	797	898	999	191	292	393
516	617	718	819	911	112	213	314	415
527	628	729	821	922	123	224	325	426

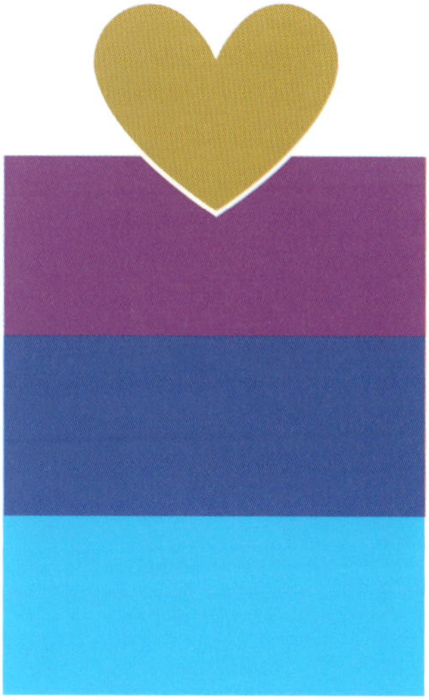

876の人

紫
紺・藍色
青

【あなたの人生の配役・役割・使命】

あなたはバランス感覚の優れた人で、意志が強く、しっかりものです。人や組織をまとめる能力はなかなかのものがあります。周りの人からの信頼も厚い人です。いつも人の中心にいて、なんとなく目立つ人です。人から頼られ、また期待されると嬉しくなります。自分の役割がなくなり、皆から無視されることが一番嫌です。趣味でも仕事でもやり始めると納得いくまで諦めません。一度言い出したらテコでも動かないという頑固な一面も持っています。責任感が強い人で、頼まれごとがあると朝までかかってでもやり遂げるので、周りから信頼されます。

【あなたの職業適正】

あなたはバランス感覚の優れた人で、どのような職場においても安心して任せることのできる数少ない人です。分析的で論理的な思考が得意。しかも、頼まれた仕事は責任を持ってやり遂げるので、周りからの信頼は絶大です。組織の中で人の信用を得て成功する人。コンサル業やプロデュース業にも能力を発揮します。

【あなたが輝くワンポイントアドバイス】

人とのかかわりの中では、必ず学級委員長のようなバランス感覚に優れたリーダーが必要です。あなたはまさにその役を担って生まれてきた人です。期待されると頑張る人ですから積極的に人をまとめる役割を引き受けてみましょう。

〈あなたの知りたい情報〉

心相数	基本数	ポジション数	運気数
887	336	3	6

〈あなたの特別の運命の人〉　三千年の旅をして出逢った人

1	合計して999になる人	112
2	同じ数の人	887
3	並び換えの人	887
4	受胎数・運気数グループ 9名	145 224 393 472 551 639 718 887 966

〈相性判定の基本数グループ〉　親子の流れ、恋人夫婦間、様々な相性の良い関係のグループ

基本数が同じ 663 336	112 145 178 415 448 472 718 742 775 663 224 257 281 527 551 584 821 854 887 336

〈あなたの親子の関係は〉

第三グループ	親を愛していないわけではないのですが、親元を離れていく傾向が強く、用事のあるときだけ帰ります。

〈組織での動きや仕事傾向〉

第三グループ	組織に拘らない、執着もうすい。納得のいく仕事がテーマ。人と同じにみられるのが嫌いで、開拓者精神旺盛。

＜八犬伝グループ＞一生を支える支援関係、仕事などで出逢いやすい関係

中心から八方向に伸びる塗つぶした枠の中の数字の人たちが、あなたを助け、あなたが助けるという役目をもった支援関係の人たち

448	549	641	742	843	944	145	246	347
459	551	652	753	854	955	156	257	358
461	562	663	764	865	966	167	268	369
472	573	674	775	876	977	178	279	371
483	584	685	786	**887**	988	189	281	382
494	595	696	797	898	999	191	292	393
516	617	718	819	911	112	213	314	415
527	628	729	821	922	123	224	325	426
538	639	731	832	933	134	235	336	437

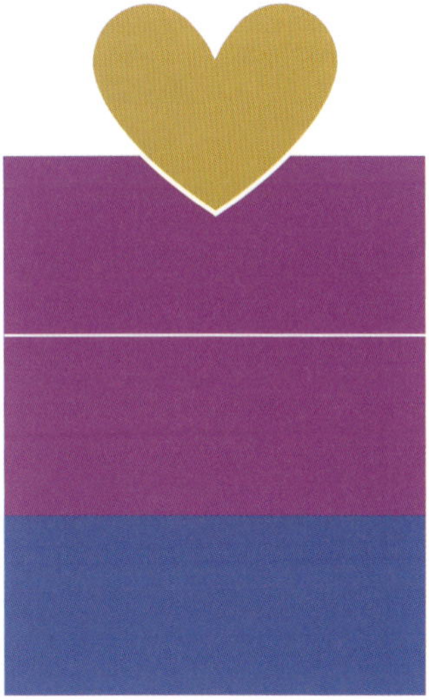

887の人

紫
紫
紺・藍色

【あなたの人生の配役・役割・使命】
あなたは生来の理想主義者で、自分の夢に向かって一途に行動します。人と人とを結びつける能力は天性のものがあり、どんな困難な状況でも諦めずに目標の実現に向かって奔走します。少し思い込みが激しく、自分中心のところがありますが、かえってそれが遠慮を知らず、我が道を行く行動へと駆り立てます。不思議と友達は多い方です。人から期待され、また頼られることが嬉しくて、自分の役割やポジションを必要とします。自分に責任があると思ったことに対しては、徹底して頑張りますが、そうでないと思えば意外と無責任な行動に走ったりします。頭の賢い人で物事を論理的・分析的に考える能力は抜群です。

【あなたの職業適正】
夢多き永遠の仕掛け人で、人をプロデュースする能力には天性のものがあります。しかも、夢はかならず実現できるという信念の強さは、仕事を完成させ、組織をまとめる能力となって現れています。仕切り役や幹事役などリーダーに向いています。あまり組織に執着しないので自分のペースでできる職業が良いでしょう。

【あなたが輝くワンポイントアドバイス】
社会では、人をコーディネートしプロデュースすることに長けた人が必要です。あなたは運命的にその役割を担ってきた人です。しかも、あなたはいつも大きな夢を描きたがります。どうですか、人をプロデュースする役割を演じてみては！

〈あなたの知りたい情報〉

心相数	基本数	ポジション数	運気数
898	393	3	7

〈あなたの特別の運命の人〉 三千年の旅をして出逢った人

1	合計して999になる人	191
2	同じ数の人	898
3	並び換えの人	988
4	受胎数・運気数グループ 9名	156 235 314 483 562 641 729 898 977

〈相性判定の基本数グループ〉 親子の流れ、恋人夫婦間、様々な相性の良い関係のグループ

基本数が同じ 696 393	134 167 191 437 461 494 731 764 797 696 235 268 292 538 562 595 832 865 898 393

〈あなたの親子の関係は〉

第三グループ	親を愛していないわけではないのですが、親元を離れていく傾向が強く、用事のあるときだけ帰ります。

〈組織での動きや仕事傾向〉

第三グループ	組織に拘らない、執着もうすい。納得のいく仕事がテーマ。人と同じにみられるのが嫌いで、開拓者精神旺盛。

＜八犬伝グループ＞ 一生を支える支援関係、仕事などで出逢いやすい関係

中心から八方向に伸びる塗つぶした枠の中の数字の人たちが、あなたを助け、あなたが助けるという役目をもった支援関係の人たち

459	551	652	753	854	955	156	257	358
461	562	663	764	865	966	167	268	369
472	573	674	775	876	977	178	279	371
483	584	685	786	887	988	189	281	382
494	595	696	797	**898**	999	191	292	393
516	617	718	819	911	112	213	314	415
527	628	729	821	922	123	224	325	426
538	639	731	832	933	134	235	336	437
549	641	742	843	944	145	246	347	448

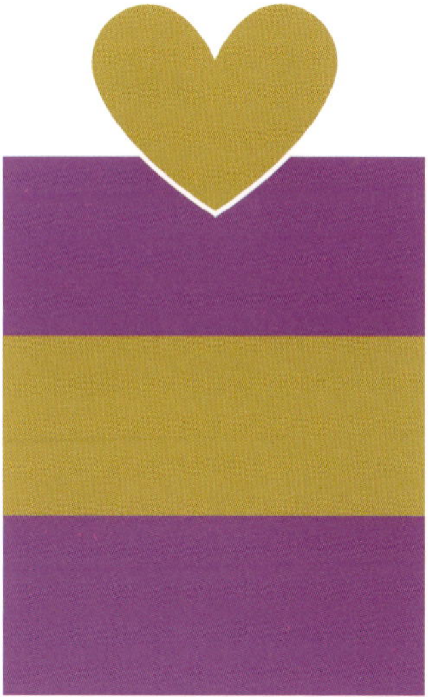

898の人

紫
金・黄
紫

【あなたの人生の配役・役割・使命】
あなたは仲間内では、いつも中心に居て目立った存在です。体系的で論理的思考ができる賢い人で、自分なりの考えを持っています。皆から御輿を担がれて、それに乗っているときが輝いていて、それが自分自身でも心地よい状態です。人から頼られ、また期待されると嬉しくなります。いつも自分を必要としている役割やポジションがないと不安になり、やる気がなくなってきます。自分中心の付き合いになりがちですが、意外と友達は多い方です。人から頼みごとをされると断れずに引き受けてしまい後悔するときもあります。人と人を結びつけるコーディネート能力に優れ、周りから情報通として一目置かれています。

【あなたの職業適正】
分析的、論理的に考えることが出来る人で、頭の賢い人が多くいます。組織を指導する軍師的な才覚を備え、知識も豊富なため皆から一目置かれ期待される存在です。人から期待されるのが心地よいので、人の仕切り役や幹事役をしたがります。独立して事業を起こす人も多くいます。また、感性豊かで芸術的センスがある人も多いので、芸術分野で活躍する人もいます。

【あなたが輝くワンポイントアドバイス】
御輿に担ぎ上げられて、皆の中心に居るときが一番輝いているあなたです。そうとわかれば、とことん乗り続けましょう。御輿に乗り続けるには、周りから信頼され期待される生き方をするということが前提になっています。周りの人に配慮し心配りをしましょう。

〈あなたの知りたい情報〉

心相数	基本数	ポジション数	運気数
911	966	3	1

〈あなたの特別の運命の人〉 三千年の旅をして出逢った人

1	合計して999になる人	988
2	同じ数の人	911
3	並び換えの人	191
4	受胎数・運気数グループ 9名	189 268 347 426 595 674 753 832 911

〈相性判定の基本数グループ〉 親子の流れ、恋人夫婦間、様々な相性の良い関係のグループ

基本数が同じ 933 966	325 358 382 628 652 685 922 955 988 933 314 347 371 617 641 674 911 944 977 966

〈あなたの親子の関係は〉

第三グループ	親を愛していないわけではないのですが、親元を離れていく傾向が強く、用事のあるときだけ帰ります。

〈組織での動きや仕事傾向〉

第三グループ	組織に拘らない、執着もうすい。納得のいく仕事がテーマ。人と同じにみられるのが嫌いで、開拓者精神旺盛。

<八犬伝グループ> 一生を支える支援関係、仕事などで出逢いやすい関係

中心から八方向に伸びる塗つぶした枠の中の数字の人たちが、あなたを助け、あなたが助けるという役目をもった支援関係の人たち

461	562	663	764	865	966	167	268	369
472	573	674	775	876	977	178	279	371
483	584	685	786	887	988	189	281	382
494	595	696	797	898	999	191	292	393
516	617	718	819	**911**	112	213	314	415
527	628	729	821	922	123	224	325	426
538	639	731	832	933	134	235	336	437
549	641	742	843	944	145	246	347	448
551	652	753	854	955	156	257	358	459

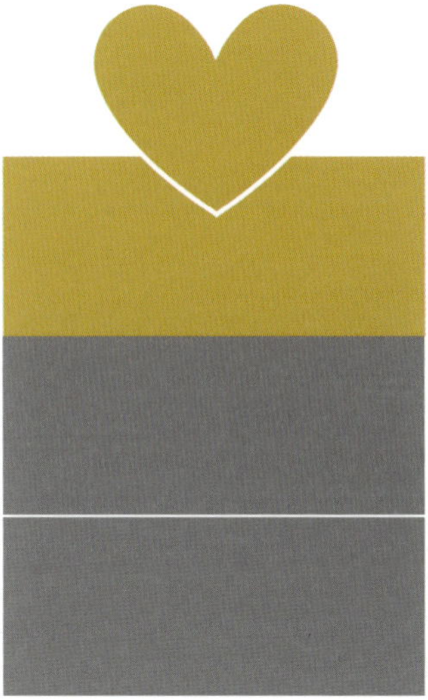

911の人

金・黄
銀
銀

【あなたの人生の配役・役割・使命】
あなたは友人や知人の中で、一本の大樹のようにそびえ立つ人です。なんとなく人の心を包み込むやさしさが多くの人を惹きつけます。周りからお膳立てされ、皆が準備してくれた御輿に乗ったほうが楽で、自分自身のよさが引きたって来ます。いつも目標がないと駄目な人で、良い目標に出会えるかが運命の分かれ道です。目標があると充実して輝いて見えます。感性が豊かで芸術的なセンスを持っている人です。あまり組織をつくり、また組織の中で使われるのは得意ではありません。移りたいときに、意外とあっさり飛び立つ自由さを持っています。開拓者精神が旺盛で時代のメッセンジャーです。

【あなたの職業適正】
あなたの最大の資質は目標への強い執念です。しかも多くの人に愛される豪放磊落な性格です。それがそのままあなたの人生での役割を決定します。大きな目標があると活き活きして仕事をする人です。組織においては、申し分なく周りの象徴になる人です。プロジェクトの陣頭指揮をとるという役割に適しています。友人知人も多く、人をひきつける雰囲気も抜群です。独立して事業を始める人も多いタイプです。

【あなたが輝くワンポイントアドバイス】
目標があれば誰だってやる気がみなぎるものです。その中で特に目標がパワーの源になっているのがあなたです。大きい小さいは別にして、いつも何か目標を明確にしておくことが、やる気を維持する秘訣です。

〈あなたの知りたい情報〉

心相数	基本数	ポジション数	運気数
922	933	1	2

〈あなたの特別の運命の人〉 三千年の旅をして出逢った人

1	合計して999になる人	977
2	同じ数の人	922
3	並び換えの人	292
4	受胎数・運気数グループ 9名	191 279 358 437 516 685 764 843 922

〈相性判定の基本数グループ〉 親子の流れ、恋人夫婦間、様々な相性の良い関係のグループ

基本数が同じ 966 933	314 347 371 617 641 674 911 944 977 966 325 358 382 628 652 685 922 955 988 933

〈あなたの親子の関係は〉

第一グループ	親を継ぐ数字。親との関係が深く親の面倒をみる役割。 親にみられる場合もあり、長男長女で生まれやすい。

〈組織での動きや仕事傾向〉

第一グループ	組織を大きくする能力、拡大志向。 マネジメント能力がある。組織の中で力を発揮する。

＜八犬伝グループ＞ 一生を支える支援関係、仕事などで出逢いやすい関係

中心から八方向に伸びる塗つぶした枠の中の数字の人たちが、あなたを助け、あなたが助けるという役目をもった支援関係の人たち

472	573	674	775	876	977	178	279	371
483	584	685	786	887	988	189	281	382
494	595	696	797	898	999	191	292	393
516	617	718	819	911	112	213	314	415
527	628	729	821	**922**	123	224	325	426
538	639	731	832	933	134	235	336	437
549	641	742	843	944	145	246	347	448
551	652	753	854	955	156	257	358	459
562	663	764	865	966	167	268	369	461

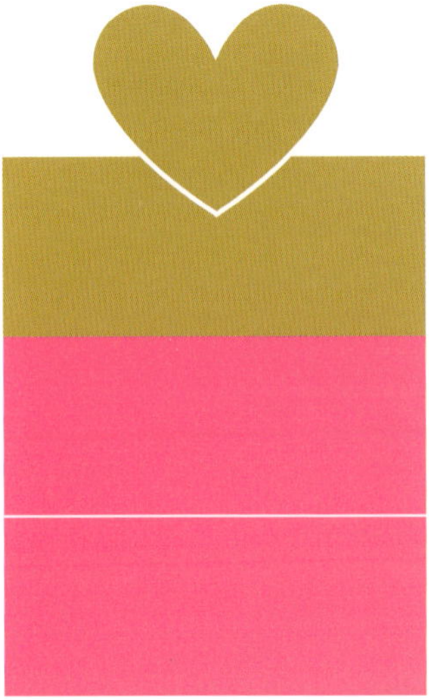

922の人

金・黄
赤・ピンク
赤・ピンク

【あなたの人生の配役・役割・使命】
人に頼らずに自立しているあなたは、まわりから、いつも期待され注目されています。感性が豊かで芸術的センスがあり、アイデアやプランニング能力に優れています。また、その能力を活かすための行動力も抜群に持っていて、仕事においても周りに安心感を与えます。思いついたら即実行に移さないと気が済まないので、新しいことが浮かんでは、次から次へと実行に移して行きます。人に使われ、また指図されることが嫌いで、何事も自分のペースで自由にやりたがります。自分一人の時間を大切にする人ですが、友達は意外に多いほうで人が自然と集まってきます。

【あなたの職業適正】
アイデアと行動力のある人で、新しいプロジェクトを立ち上げる才能はなかなかのものがあります。組織の中では、いろいろと活動のプランを描き提案する素質に秀でています。提案型の指導者になりやすく、物事は拡大志向の強い人です。ビジネスや組織活動においては、組織を大きくする傾向があります。また、感性も豊かな方ですから、芸術的な分野や感性を職業とする分野でも能力を発揮します。事業家の才能もあります。

【あなたが輝くワンポイントアドバイス】
アイデアやプランにかけては天性の才能を秘めた人です。人から指図され、また人に使われるのが大嫌いなあなたです。それがわかると、いくつになっても自分が心地よい場所を探し求めなければならないでしょう。

〈あなたの知りたい情報〉

心相数	基本数	ポジション数	運気数
933	933	1	3

〈あなたの特別の運命の人〉　三千年の旅をして出逢った人

1	合計して999になる人	966
2	同じ数の人	933
3	並び換えの人	393
4	受胎数・運気数グループ 9名	112 281 369 448 527 696 775 854 933

〈相性判定の基本数グループ〉　親子の流れ、恋人夫婦間、様々な相性の良い関係のグループ

基本数が同じ 966 933	314 347 371 617 641 674 911 944 977 966 325 358 382 628 652 685 922 955 988 933

〈あなたの親子の関係は〉

第一グループ	親を継ぐ数字。親との関係が深く親の面倒をみる役割。 親にみられる場合もあり、長男長女で生まれやすい。

〈組織での動きや仕事傾向〉

第一グループ	組織を大きくする能力、拡大志向。 マネジメント能力がある。組織の中で力を発揮する。

<八犬伝グループ> 一生を支える支援関係、仕事などで出逢いやすい関係

中心から八方向に伸びる塗つぶした枠の中の数字の人たちが、あなたを助け、あなたが助けるという役目をもった支援関係の人たち

483	584	685	786	887	988	189	281	382
494	595	696	797	898	999	191	292	393
516	617	718	819	911	112	213	314	415
527	628	729	821	922	123	224	325	426
538	639	731	832	**933**	134	235	336	437
549	641	742	843	944	145	246	347	448
551	652	753	854	955	156	257	358	459
562	663	764	865	966	167	268	369	461
573	674	775	876	977	178	279	371	472

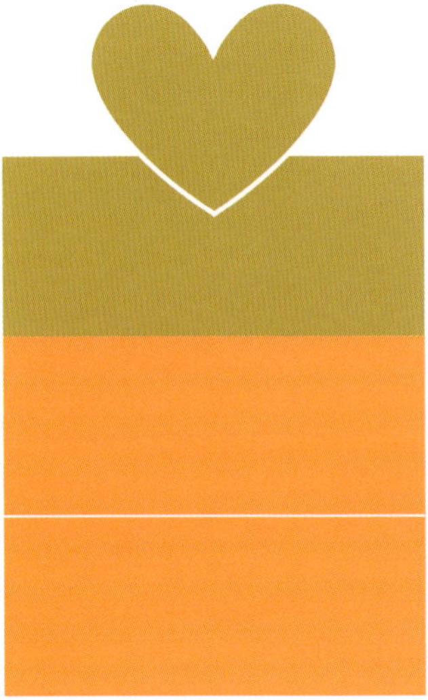

933の人

金・黄
オレンジ
オレンジ

【あなたの人生の配役・役割・使命】
永遠の青年のような純粋な心を持った夢多き理想主義者のあなたです。あなたからは、いつも前向きでポジティブ（肯定的）な若々しいオーラの光が放たれて、周りを温かく包んでいます。変化を楽しむ心は、なんにでも関心を示す子供のように、いくつになっても、心をときめかせ、新しいことに関心を示します。時代の最前線の情報をキャッチする能力があり、事業でも遺憾なく発揮されます。感性が豊かで芸術的センスもあり、アイデアやプランニング能力にも優れています。人が大好きな割には、自分のペースを大切にする人でベッタリした付き合いは得意ではありません。

【あなたの職業適正】
周りの人から頼られる人で、人助けの仕事に使命があります。新しいことが好きで、その情報をキャッチする能力が抜群にあり、新規事業のアイデアとして役立っています。プランニング能力にすぐれ、組織においては申し分の無いプランナーの役です。また、いろいろな分野で新しいことに関心を持ちやすいので時代の最前線の職業に従事しやすい人です。医療や、心の世界にかかわる職業にも適しています。

【あなたが輝くワンポイントアドバイス】
新しいことに関心が深く、次から次へといろいろとやりたがるあなたです。あなたの好奇心は、心を前向きに保つ刺激であり、最高に素敵に輝かせる材料です。洪水のような関心事もやり続けると、やがて、必ずやり遂げることができるでしょう。

〈あなたの知りたい情報〉

心相数	基本数	ポジション数	運気数
944	966	2	4

〈あなたの特別の運命の人〉 三千年の旅をして出逢った人

1	合計して999になる人	955
2	同じ数の人	944
3	並び換えの人	494
4	受胎数・運気数グループ 9名	123 292 371 459 538 617 786 865 944

〈相性判定の基本数グループ〉 親子の流れ、恋人夫婦間、様々な相性の良い関係のグループ

基本数が同じ 933 966	325 358 382 628 652 685 922 955 988 933 314 347 371 617 641 674 911 944 977 966

〈あなたの親子の関係は〉

第二グループ	ピンチヒッター役で、誰も親の面倒をみる人がいないと役割がまわってきます。

〈組織での動きや仕事傾向〉

第二グループ	二番手が向いている。一番手になろうとすると辛い。 番頭役や調整役に適している。

＜八犬伝グループ＞ 一生を支える支援関係、仕事などで出逢いやすい関係

中心から八方向に伸びる塗つぶした枠の中の数字の人たちが、あなたを助け、あなたが助けるという役目をもった支援関係の人たち

494	595	696	797	898	999	191	292	393
516	617	718	819	911	112	213	314	415
527	628	729	821	922	123	224	325	426
538	639	731	832	933	134	235	336	437
549	641	742	843	**944**	145	246	347	448
551	652	753	854	955	156	257	358	459
562	663	764	865	966	167	268	369	461
573	674	775	876	977	178	279	371	472
584	685	786	887	988	189	281	382	483

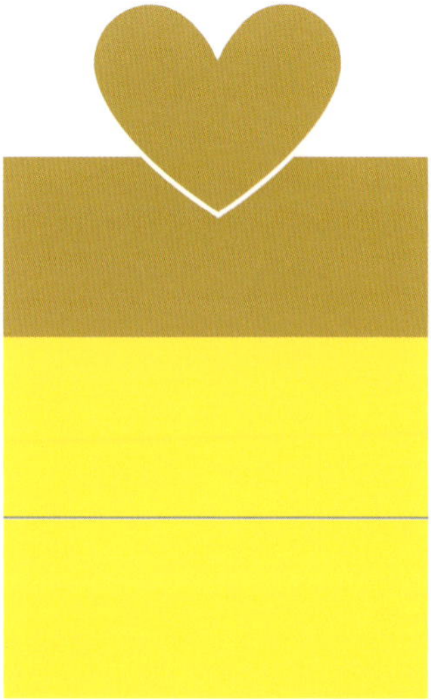

944の人

金・黄

黄

黄

【あなたの人生の配役・役割・使命】
人を温かく包み込む懐の深さを持った人で、周りの人に勇気と希望を与えてくれます。行動力抜群で、思ったことを即実行に移さないと気が済みません。直観力にも優れ、ひらめいたことを実行に移してしまうので、夢が現実のものとなりやすい人です。人の面倒見がよいので、どんな人にでも慕われます。お金があれば、ワリカンを嫌い皆に奢ってしまうおおらかさがあります。人に同情するやさしさを持った人で、人情の機微に触れる場面に出会うと人一倍涙を流す人情家でもあります。人が大好きで友達も多いタイプです。女性なら肝っ玉母さんのような人が多く、皆から深く信頼されています。

【あなたの職業適正】
包容力があり行動力も人一倍パワフルなあなたは、組織や人との関係では、皆の心の支えで象徴的な存在です。分野を問わず人をまとめる役割を演じている人が多い。感性が豊かで直観力も優れているので、芸術や感性を必要とするさまざまな分野、美を創造する分野で活躍する場合が多い人です。親分肌で人が大好きなあなたは、組織の中では、皆の調整役に適しています。

【あなたが輝くワンポイントアドバイス】
行動力のかたまりのようなあなたです。しかもあなたは皆の象徴のような人で、信頼され慕われています。あなたのスタンスは、表立っては番頭役や調整役に徹することです。

〈あなたの知りたい情報〉

心相数	基本数	ポジション数	運気数
955	933	2	5

〈あなたの特別の運命の人〉　三千年の旅をして出逢った人

1	合計して999になる人	944
2	同じ数の人	955
3	並び換えの人	595
4	受胎数・運気数グループ 9名	134 213 382 461 549 628 797 876 955

〈相性判定の基本数グループ〉　親子の流れ、恋人夫婦間、様々な相性の良い関係のグループ

基本数が同じ 966 933	314 347 371 617 641 674 911 944 977 966 325 358 382 628 652 685 922 955 988 933

〈あなたの親子の関係は〉

第二グループ	ピンチヒッター役で、誰も親の面倒をみる人がいないと役割がまわってきます。

〈組織での動きや仕事傾向〉

第二グループ	二番手が向いている。一番手になろうとすると辛い。 番頭役や調整役に適している。

<八犬伝グループ> 一生を支える支援関係、仕事などで出逢いやすい関係

中心から八方向に伸びる塗つぶした枠の中の数字の人たちが、あなたを助け、あなたが助けるという役目をもった支援関係の人たち

516	617	718	819	911	112	213	314	415
527	628	729	821	922	123	224	325	426
538	639	731	832	933	134	235	336	437
549	641	742	843	944	145	246	347	448
551	652	753	854	**955**	156	257	358	459
562	663	764	865	966	167	268	369	461
573	674	775	876	977	178	279	371	472
584	685	786	887	988	189	281	382	483
595	696	797	898	999	191	292	393	494

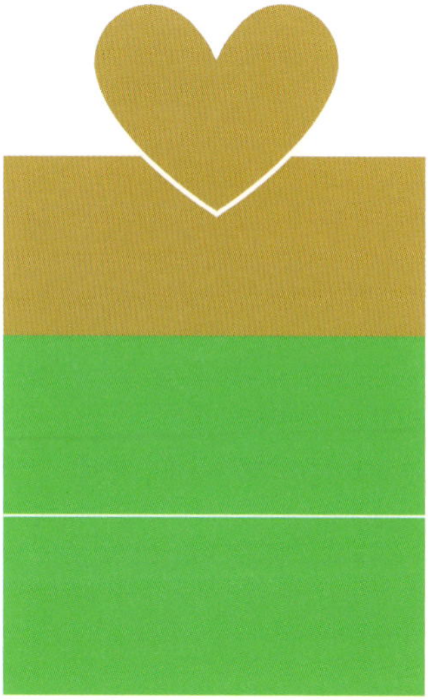

955の人

金・黄
緑
緑

【あなたの人生の配役・役割・使命】

人との縁が深く、人間関係の中で周りを調和する役割をもって生まれてきた人で、一にも二にも人との関係で人生ドラマが進行して行きます。いつもあなたの周りには誰かが居て、人のぬくもりのある付き合いが展開されています。人懐っこい性格は、人が大好きで多くの友人に囲まれています。あなたの役割は人を調整することです。一番手より二番手のほうが楽で、皆から担がれて成功しやすい人です。この調整能力のおかげで、いろいろな分野で活躍している人が多くいます。

【あなたの職業適正】

包容力があり人の良さは抜群で、人が財産のようなあなたです。人からも好かれて、なおかつ皆の調整役で能力を発揮する最高の使命をもった人です。あなたの適性は一にも二にも、人を調整する能力にあります。組織の中では象徴として皆を調和する存在です。仕事では、人が勝手にチャンスを運んでくるので、人間関係にかかわる職業に向いています。

【あなたが輝くワンポイントアドバイス】

わたしたちの悩みの多くは人間関係の失敗から起こるものです。だからこそ、世の中でもっとも重要な役割は、人間関係を調整することにあります。人が大好きなあなたは、まさにこの役割のために生まれてきたといっても過言ではありません。

〈あなたの知りたい情報〉

心相数	基本数	ポジション数	運気数
966	966	1	6

〈あなたの特別の運命の人〉 三千年の旅をして出逢った人

1	合計して999になる人	933
2	同じ数の人	966
3	並び換えの人	696
4	受胎数・運気数グループ 9名	145 224 393 472 551 639 718 887 966

〈相性判定の基本数グループ〉 親子の流れ、恋人夫婦間、様々な相性の良い関係のグループ

基本数が同じ 933 966	325 358 382 628 652 685 922 955 988 933 314 347 371 617 641 674 911 944 977 966

〈あなたの親子の関係は〉

第一グループ	親を継ぐ数字。親との関係が深く親の面倒をみる役割。 親にみられる場合もあり、長男長女で生まれやすい。

〈組織での動きや仕事傾向〉

第一グループ	組織を大きくする能力、拡大志向。 マネジメント能力がある。組織の中で力を発揮する。

<八犬伝グループ> 一生を支える支援関係、仕事などで出逢いやすい関係

中心から八方向に伸びる塗つぶした枠の中の数字の人たちが、あなたを助け、あなたが助けるという役目をもった支援関係の人たち

527	628	729	821	922	123	224	325	426
538	639	731	832	933	134	235	336	437
549	641	742	843	944	145	246	347	448
551	652	753	854	955	156	257	358	459
562	663	764	865	**966**	167	268	369	461
573	674	775	876	977	178	279	371	472
584	685	786	887	988	189	281	382	483
595	696	797	898	999	191	292	393	494
617	718	819	911	112	213	314	415	516

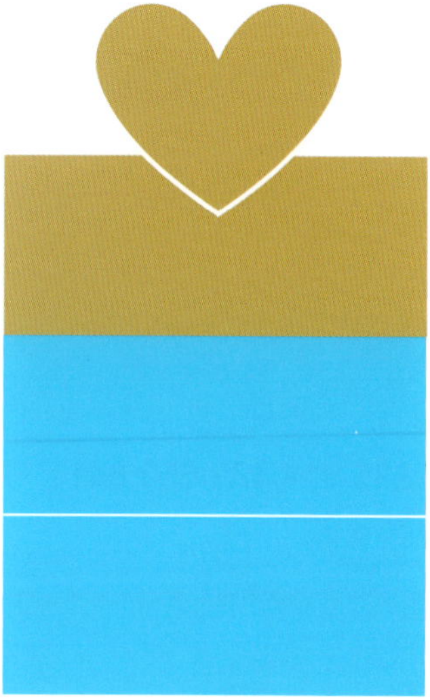

966の人

金・黄
青
青

【あなたの人生の配役・役割・使命】
あなたは、行動力があり、バイタリティーにあふれ、エネルギッシュな人です。人が大好きで友達が多くいます。幼いころからあなたの周りには友達がいっぱいです。人をコーディネートする天性の能力があり、自然とあなたを慕って友達が集まってきます。友達の情報はあなたに聞けばわかるというほど情報通です。友達はあなたの財産そのものです。人からかわいがられて人生のチャンスを得ることになります。気配り上手なあなたは、周りからの信頼感は絶大です。人を包み込むやさしさは、周りの人に安らぎを与え、心を和ませます。何でもできる器用さをもっている人で組織にとっては無くてはならない人です。

【適正情報】
あなたほど人を包み込む優しさと行動力あふれるパワフルなイメージを持った人はおりません。人をコーディネートし、プロデュースする才能は天性のものがあります。組織においては、人をまとめることが最大の役割で、天下を取ろうとする傾向が強い人です。また情報通ですので、時代の最前線の情報を活かしたサービス業にも能力を発揮します。接客業にも適しています。人の信頼を前提とした営業にも適しています。

【ワンポイントアドバイス】
わたしたちは家庭においても職場や社会においても、人との協調や協力が欠かせません。その働きは、あらゆるものを産み出す最大の力です。あなたの役割は重要なのです。あなたしかできないことを見つけ、それに人生をかけてみましょう。

〈あなたの知りたい情報〉

心相数	基本数	ポジション数	運気数
977	966	1	7

〈あなたの特別の運命の人〉　三千年の旅をして出逢った人

1	合計して999になる人	922
2	同じ数の人	977
3	並び換えの人	797
4	受胎数・運気数グループ 9名	156 235 314 483 562 641 729 898 977

〈相性判定の基本数グループ〉　親子の流れ、恋人夫婦間、様々な相性の良い関係のグループ

基本数が同じ 933 966	325 358 382 628 652 685 922 955 988 933 314 347 371 617 641 674 911 944 977 966

〈あなたの親子の関係は〉

第一グループ	親を継ぐ数字。親との関係が深く親の面倒をみる役割。 親にみられる場合もあり、長男長女で生まれやすい。

〈組織での動きや仕事傾向〉

第一グループ	組織を大きくする能力、拡大志向。 マネジメント能力がある。組織の中で力を発揮する。

<八犬伝グループ> 一生を支える支援関係、仕事などで出逢いやすい関係

中心から八方向に伸びる塗つぶした枠の中の数字の人たちが、あなたを助け、あなたが助けるという役目をもった支援関係の人たち

538	639	731	832	933	134	235	336	437
549	641	742	843	944	145	246	347	448
551	652	753	854	955	156	257	358	459
562	663	764	865	966	167	268	369	461
573	674	775	876	**977**	178	279	371	472
584	685	786	887	988	189	281	382	483
595	696	797	898	999	191	292	393	494
617	718	819	911	112	213	314	415	516
628	729	821	922	123	224	325	426	527

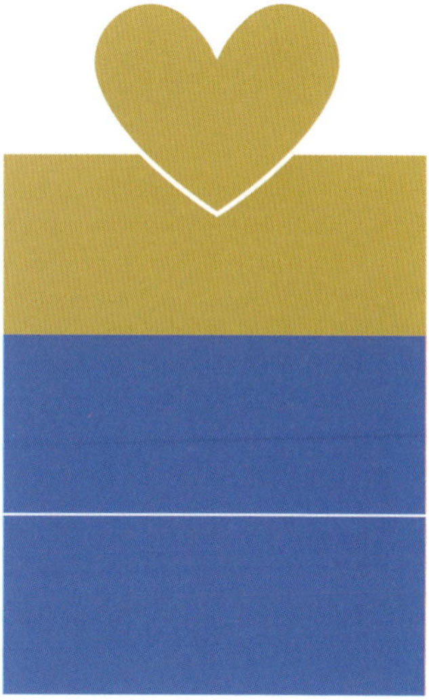

977の人

金・黄
紺・藍色
紺・藍色

【あなたの人生の配役・役割・使命】

淡々とした雰囲気の中にも、芯が一本通っている人で、意志力の強さは誰にも負けません。趣味でも仕事でもやり始めると納得いくまで諦めません。責任感が強く、頼みごとをされてもきっちりやり遂げるので、周りからの信頼感も絶大です。反面、一度言い出したらテコでも動かないという頑固な一面も併せ持っていて、調子が悪いときには少し意固地になる場合があります。しっかり者でいつも自分の将来を見据えて生活をしています。派手さはないが着実に人生の成功を手にする人です。人を束ねるのが上手で、組織の中ではリーダーの器です。女性では魅力的な美しい人が多く、人を包み込むやさしさを持っています。

【あなたの職業適正】

あなたは、地道ながらしっかりした考え方の持ち主で、人を包み込む魅力を持った人です。分析的で論理的な思考のできる人で、組織や職場においても信用力バツグンです。与えられた仕事は責任感を持ってやり遂げるので安心して任せられます。組織では、あなたの仕事の能力が評価されて、皆から期待されています。申し分なくリーダーの役です。

【あなたが輝くワンポイントアドバイス】

責任感が旺盛でしっかり者のあなたは、周りの人にとって、大樹の下のすずやかな木陰のような存在です。そばにいるだけで、なんとなく安らぎを感ずるものです。淡々と人を包み込んでください。

〈あなたの知りたい情報〉

心相数	基本数	ポジション数	運気数
988	933	3	8

〈あなたの特別の運命の人〉　三千年の旅をして出逢った人

1	合計して999になる人	911
2	同じ数の人	988
3	並び換えの人	898
4	受胎数・運気数グループ 9名	167 246 325 494 573 652 731 819 988

〈相性判定の基本数グループ〉　親子の流れ、恋人夫婦間、様々な相性の良い関係のグループ

基本数が同じ 966 933	314 347 371 617 641 674 911 944 977 966 325 358 382 628 652 685 922 955 988 933

〈あなたの親子の関係は〉

第三グループ	親を愛していないわけではないのですが、親元を離れていく傾向が強く、用事のあるときだけ帰ります。

〈組織での動きや仕事傾向〉

第三グループ	組織に拘らない、執着もうすい。納得のいく仕事がテーマ。人と同じにみられるのが嫌いで、開拓者精神旺盛。

＜八犬伝グループ＞一生を支える支援関係、仕事などで出逢いやすい関係

中心から八方向に伸びる塗つぶした枠の中の数字の人たちが、あなたを助け、あなたが助けるという役目をもった支援関係の人たち

549	641	742	843	944	145	246	347	448
551	652	753	854	955	156	257	358	459
562	663	764	865	966	167	268	369	461
573	674	775	876	977	178	279	371	472
584	685	786	887	**988**	189	281	382	483
595	696	797	898	999	191	292	393	494
617	718	819	911	112	213	314	415	516
628	729	821	922	123	224	325	426	527
639	731	832	933	134	235	336	437	538

988の人

金・黄

紫

紫

【あなたの人生の配役・役割・使命】
天性の軍師的な能力を持った人で、人や組織の中では、指導者として能力を発揮します。いろいろな分野で活躍する人が多く、特に勝負事の分野で活躍する人が目立っています。頭が賢く、体系的かつ分析的に考えることのできる人で、論理的思考は他の追随を許さない人です。いつも人や組織の中では、中心にいないと気が済まないタイプです。自分のポジションや役割がないとやる気をなくしてしまいます。頼られ、また期待されると、これほど頑張る人もいません。人と同じことをやるのは嫌で、開拓者精神が旺盛です。

【あなたの職業適正】
あなたは頭の賢い人で分析的で論理的な人です。組織でいえば大将の器です。女性なら女王様そのものです。人を指導する軍師や参謀の才覚のある人。組織には執着心がなく、いつでも次の世界へ羽ばたける人です。しかも、人と同じようにみられるのが嫌いで、いつも人より違うことをやりたがる人。

【あなたが輝くワンポイントアドバイス】
人の集団や活動において、その集団を統率し、活動の行く末を分析し、指揮を取る人が必要です。あなたはまさに、この役割を持って生まれてきた人です。それは天性の能力と呼べるほど優れています。それを活かせる道を見つけるのがこれからのテーマです。

〈あなたの知りたい情報〉

心相数	基本数	ポジション数	運気数
999	999	3	9

〈あなたの特別の運命の人〉 三千年の旅をして出逢った人

1	合計して999になる人	999
2	同じ数の人	999
3	並び換えの人	999
4	受胎数・運気数グループ 9名	178 257 336 415 584 663 742 821 999

〈相性判定の基本数グループ〉 親子の流れ、恋人夫婦間、様々な相性の良い関係のグループ

基本数が同じ 966 933	314 347 371 617 641 674 911 944 977 966 325 358 382 628 652 685 922 955 988 933

〈あなたの親子の関係は〉

第三グループ	親を愛していないわけではないのですが、親元を離れていく傾向が強く、用事のあるときだけ帰ります。

〈組織での動きや仕事傾向〉

第三グループ	組織に拘らない、執着もうすい。納得のいく仕事がテーマ。人と同じにみられるのが嫌いで、開拓者精神旺盛。

<八犬伝グループ> 一生を支える支援関係、仕事などで出逢いやすい関係

中心から八方向に伸びる塗つぶした枠の中の数字の人たちが、あなたを助け、あなたが助けるという役目をもった支援関係の人たち

551	652	753	854	**955**	156	257	358	**459**
562	**663**	764	865	**966**	167	268	**369**	461
573	674	**775**	876	**977**	178	**279**	371	472
584	685	786	**887**	**988**	**189**	281	382	483
595	**696**	**797**	**898**	**999**	**191**	**292**	**393**	**494**
617	718	819	**911**	**112**	**213**	314	415	516
628	729	**821**	922	**123**	224	**325**	426	527
639	**731**	832	933	**134**	235	336	**437**	538
641	742	843	944	**145**	246	347	448	**549**

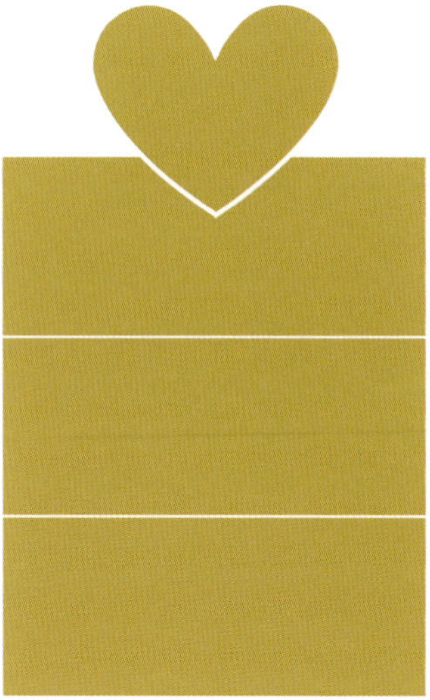

999の人

金・黄
金・黄
金・黄

【あなたの人生の配役・役割・使命】
遥かなる理想を掲げて時間を旅する永遠のメッセンジャー。究極の９の数字を持って生まれた人です。人を調和し、統合する役割を持った人で、人や組織を護る守護神の役割を担っています。本来、人の精神的な支えになるべき人で、あまり表立って目立った動きは得意ではありません。自ら行動するよりは、周りからお膳立てされたものに乗ったほうがうまく行きます。人から期待されると能力を発揮します。少し負けず嫌いなところはプライドが高いせい。感性が豊かで物事を創造をする力がある反面、すべてのものを破壊しつくす力も併せ持っています。組織にこだわらない自由人で開拓者精神旺盛です。

【あなたの職業適正】
究極の数字を持った人で、あらゆる性格の要素を備えています。あなたの役割は一にも二にも、組織や人を守護することです。組織や人のためにあなたが何かしなければならないということではありません。あなたがいるだけで、あなたにかかわる人たちは守護され支えられ、安らぎを得ることになります。仕事や職場においても統合の象徴、組織を守護するのがあなたの役割です。

【あなたが輝くワンポイントアドバイス】
あなたは人を調和し組織を守護する究極の役割をもって生まれてきた人です。また、古いものを打ち壊し、新しいものを創造する二つの役割を運命的に背負っている人です。自分の役割を知ることからあなたのこれからの人生が始まるのです。

数字で知る自分情報

●自分を知り人を知る技法

数字はあらゆる事柄を解き明かす材料と言いました。

誕生日に刻まれている数字が、あなたの人生のメッセージとも言いました。

ここでは、誕生日にメッセージとして刻まれているあなたの情報をみてみましょう。

数字で「自分を知る」ことから始めましょう。

自分を知るということは意外と難しく、知っているようでいて知らないというのが実態です。

自分を知ることは、自分の本来持っている可能性を引き出すということ。今の自分よりももっと優れた自分、素敵な自分になることを意味します。

生活やビジネスにおいても大いに役立ちます。

それぞれが持っているビジネス傾向を知って動くのと、知らずに動くのでは、結果は初めから見えています。

自分の行動傾向や能力の可能性を知って、それを引き出していく人は、きっと、着実に自分の夢を実現していくに違いありません。

その意味では、いくつになっても「自分を知る」ということは、あらゆることのスタートです。

誕生日に刻まれている情報を知る作業をしましょう。
誕生日には次の五つの情報が刻まれています。

①運気を知る
②運気の高め方を知る
③守護する幸福色を知る
④強み・優れている面を知る
⑤ご縁の意味と相性の良い人を知る

●あなたの運気を知る

まず、あなたが知りたい情報から紹介しましょう。
運気は私たちが一番知りたい情報です。

運気は私たちの生きている証、行動を支えるエネルギーの状態です。
運気から、あなた自身の今置かれている状態も手に取るようにわかりますし、ビジネスにおいては、会社の盛衰も良くわかります。

運気は良し悪しの問題ではありません。
運気を診る際に注意しなければならないことがあります。
運気の説明は「波」「リズム」として表現されますが、既存の「占い」のせいでしょうか、リズムの上下で表現される視覚的なイメージから、多くの人が運気の上昇下降期を「良し悪し」ととらえてしまっています。

しかし、心相科学では、運気は、良し悪しではなく、
上りも下りも人生に必要な生きている証としてのエネルギーの現われ、としてとらえています。

ですから、下りも上りも人生に役立つように積極的に活かしていくことが必要になってきます。

どうぞ、占いのように悲観的に自分の運気を診るのではなく、前向きな材料として理解して、その状況を未来に良いように活かしていってください。

●運気数の出し方●

心相数から運気の状態を表す「運気数」を
算出してみましょう。

運気数

1番目と3番目の合計が運気数です。

「運気数」は1～9のグループに分けられます。

【算出の例】

1963年8月12日生まれの人 心相数　　123 1番目の1と3番目の3の合計「4」が運気数です。 この人の運気数は「4」になります。

●運気数は「八十一通りの情報一覧」(86～246ページ)
の各心相数右上〈あなたの知りたい情報〉に載っています。

《運気時期の活かし方》

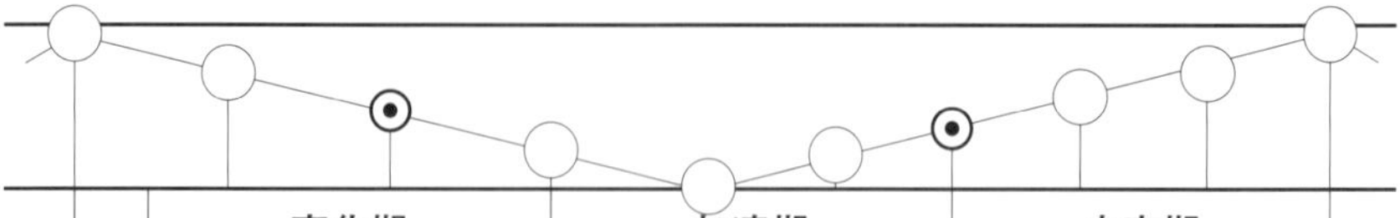

	変化期	加速期	安定期
特徴	スタート 新しいことをはじめる 新しいものを創み出す 今までの流れを変える 脱皮する 次の準備 発見、発明、アイデア ビジネスモデルの構築	変化を加速させる 軌道に乗せる 勢いに乗る 発展する 集中、激しく動く 人の輪を広げる チャンスをつかみ 取りにいく	実を結ぶ 完成、収穫、実り 充実、安定、備蓄 拡大、発展、実現 自分のスタンス ができる
	積極的に 良い変化をめざす	積極的に 良い加速をめざす	積極的に 良い安定をめざす

《運気リズムの位置》

2025 年の運気

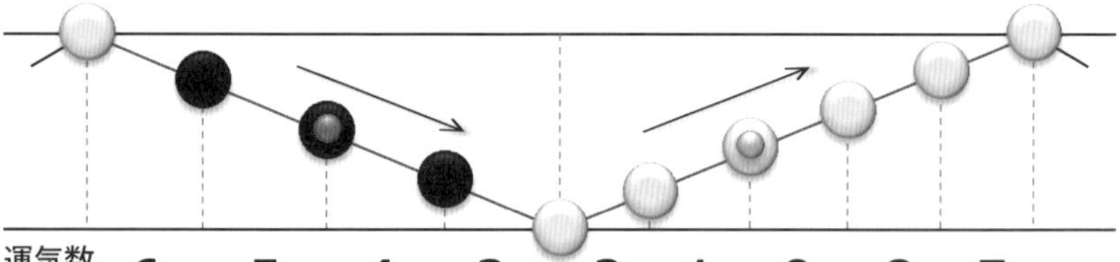

運気数　6　5　4　3　2　1　9　8　7

2026 年の運気

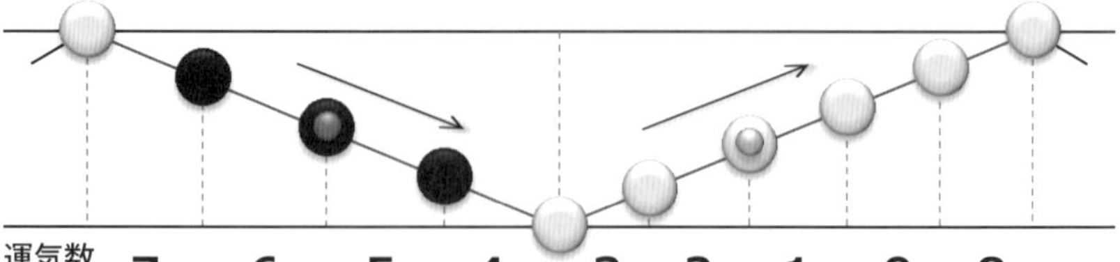

運気数　7　6　5　4　3　2　1　9　8

2026年以降は１年ずつ運気数を右に移動してください。

2027年は
8　7　6　5　4　3　2　1　9
になります。

《運気の上昇期の理解》

運気は山登りに例えられます。

上りは前に向かっていきますから、前しか見えませんが、登る目的が明確ですと途中のいろいろな困難を乗り越えることができます。万が一足を滑らせても前につんのめるだけで、擦り傷で終ります。

上昇期は収穫の時期です。

上昇期は、自分の意識とは関係なしに、勝手に良い材料やチャンスが舞い込んでくるものです。

この時期は、比較的何事も順調に進んでいきます。

結婚や家移りなどの人生の新たなスタートは、この時期がもってこいと言えます。また、事業家にとっては、新規事業の決断と着工もこの時期の方が良いといえます。

ただ、人生は日々良いことだけではなく、辛い嫌なことも起こります。

ところがこの時期に起こった事柄は、過ぎ去ってみれば結果オーライ、その後の人生にプラスに働く場合が多くあります。

自分が上昇期にある、と思った時に、意外と今の苦しみを乗り越えることができるかもしれません。

《運気の下降期の理解》

下山は周りの景色が良く見えます。

人は下界に広がる山々の景色をみながらいろいろな思いに駆られるものです。今までの自分、下界の生活のこと、今後の自分の人生など、さまざまな思いが沸き起こってきます。

下降期は、人生においては「気づき」の時期にあたります。

自分の過去を振り返り、これからの将来のことを深く考えるための期間です。

この時期は、いろいろな意味で変化が生じやすく、それに伴って人の動きがよく見えてきます。

ただ、この時期は、新たな第一歩を踏み出す重要な時期でもあります。

今までの自分の殻を脱ぎ捨て新たなことにチャレンジをする時期、ビジネスでは新たなビジネスモデルを構築するに適している時期。多くの企業が新規事業の準備をしたのもこういった時期でした。

今までの流れを見直して次の飛躍のためにしっかり準備をしなければならない時期という訳です。

《上りの幸福大転換の理解》

下降から上昇に転じて二年目に大飛躍の時期が訪れます。

心相科学では、チャンスをいただき飛躍する地点という意味で「幸福大転換」と命名しています。

上場した企業を例にみますと、この時期に上場を成し遂げた企業が多くみられます。

また、スポーツの場合には、これまでシドニー、アテネ、北京とオリンピックの日本選手のデータをみますと、この時期にある選手が金メダルを獲得した例が多いことがわかります。

この幸福大転換の時期を知るのは私たちの人生においても重要なことです。

下りから上昇に転じて二年目から何となく勢いが出てきて「良くなってきた」という予感です。

この予感からあなたの人生の収穫期がはじまるのです。

私たちは、人生設計やビジネスの事業計画を立ててそれにしたがって行動していきますが、こういった運気の流れを知らずに動くことは無謀な行動と言わざるをえません。宇宙のリズム、自然のリズム、会社のリズム、心身のリズム、運のリズムの波に逆らわずにうまく乗りながら歩んでいく、ここに本当の成功の秘訣が隠されているのです。

どうぞ、この幸福大転換を意識して活用し動いてみてください。

●ツキや運を味方にする法

ここまでは運気の流れを見てきましたが、この運気を知って日々の生活をどのように想いのままに人生をコントロールしていけるかは「運」の問題です。

「運気」と「運」は違う概念です。

運気というのはエネルギーの流れ、運というのはエネルギーを引き起こす源です。

ツキや運を味方にできた人が人生を制する。

ツキと運を味方にできた人がビジネスを制する。

人生のテーマは、運気ではなく、運そのものであるという意味です。

そして、ツキと運の関係は、ツキは一過性のもので、運はツキを生み出す源です。

運が良ければツキも味方するという関係になっています。

だからこそ、運を味方にできるかどうかが人生最大のテーマというわけです。

成功した経営者から「経営は運」という言葉をよく聞きます。

「運」というのは、経営者にとっては、スピリチャルや占いのテーマではなく、「経営能力」の一つとして重要な要素だという意味です。ある意味では経営能力の要素の中でも、実は最大の能力が運を味方にできる能力ということかも知れません。

それほど重要な「運」のテーマを知らずに人生を歩むほど無謀なことはありません。

〈運気と運は深い関係です〉

運気と運は別の概念ですが、深い関係になっています。

運気の下降のときはいろいろなことが起こりやすい状態になっています。

下降がそのまま良し悪しではありませんが、ある日突然変化の嵐が吹き荒れますと、人は途端に不安感にさいなまれます。実は、この不安感が運を逃がすことにつながっていくのです。

ビジネスにおいてデータを取ってみますと、重要な戦いを挑んだにもかかわらず、思うように成果が上げられなかった人は、運気下降期にある人でした。

逆に、ビジネスチャンスをつかみ目標を実現した人は、運気上昇期にある人でした。

〈幸福色は運を味方にするための最強のアイテム〉

運気の流れを知って、いつでも自分の運を強くしていくこと、これが人生の最大のテーマです。

この運を味方にする最強のアイテムが、あなたの「幸福色」です。

今回の本のテーマもこれを知っていただくために書いたものです。

運気の調整法や運を味方にする方法はいろいろありますが、ここでは詳細に紹介しませんでした。

なぜかと言いますと、いろいろ紹介しますと「この時にはこうしなさい」「あの時にはこれに気をつけなさい」というように、皆さんが日々の生活で実践して行うことが多くなってしまい、何となく煩雑で面倒になってくるからです。

「シンプル・イズ・ベスト」という意味で、「幸福色」を活用すること一つを皆様に紹介します。

この自分色である幸福色一つで十分運を味方にすることができるものです。

身に付けるものや生活のあらゆる場面に登場する「色」を使っていくということですから、取り立てて努力する必要性がありません。誰でもが「幸福色」を楽しむことができるというものです。

●自分の強みを知る―行動傾向・性格情報を知る

自分を知るということは自分の潜在的な能力を知るということです。

この能力とは、「行動傾向」「性格情報」のことです。

人間の一生というのは「行動の一生」です。どのような行動をとるかによって人生の方向性が決まり、行く末が決まってしまいます。

この「行動」というのは、自分で考えて判断・選択・決定されたものと思っていますが、こういった数字の研究をしていますと、私たちの行動そのものにあらかじめ傾向というものがあることがわかります。

実は知らずに数字に記録された情報通りに人生を歩んでいるという訳です。

無意識に自分の数字情報の通りに行動しているのであれば、はじめから自分の誕生日に刻まれた情報を活かしていくことが能力を活かす道でもあります。

八十一通りの情報では、この行動傾向・性格情報を紹介しましたので、自分の心相数の箇所をごらんください。

日頃、人をみてあげる際に、八十一通りの数字を頭に入れて説明するのは困難ですので、ここでは八十一通りの下になっている一〜九までの九つの性格情報を紹介しておきます。

〈１〜９の情報の見方〉

性格情報をみる基本は、心相数の一番目を重視します。

例えば、２５７の人と５２７人は同じ数字を持っていますが、２５７の人は２の人、５２７の人は５の人になります。

まずは、簡単なキーワードを押えておきましょう。

番号	1～9の情報
9	組織の象徴、分析力、頼られると頑張る
8	幹事役、期待されると頑張る、大将、分析力
7	仕事人、責任感、意志が強い、頑固、職人的
6	人が好き、情報通、人から頼られる、器用
5	人脈、人に支えられる、気配り、安定
4	行動力、人が好き、人脈、親分肌、涙もろい、直感
3	行動力、アイデア、楽天的
2	アイデア、行動力、感性が豊か、思いこむ能力
1	目標、アイデア、感性が豊か、一途、徹底

心相数	性格情報
9	守護する働き、論理的、全体をみて動く 全体把握、頼まれると嫌といえない 受け入れる、参謀型
8	ポジション、大将、仕切り役、無視されるのが嫌 自分中心、女王様、目立ちたがりや 期待されると頑張る
7	納得いくまで諦めない、 頑固、責任感旺盛、完成、 人の好き嫌いハッキリ、仕事人、信用、大器晩成
6	人脈、人が大好き、情報通、トラブル処理、 人の相談にのりやすい、器用、名秘書役 人のコーディネーター
5	人脈、気配り、気遣い、気疲れ、安定志向、 小さなことを気にする 経験でものを言う、人のコーディネーター
4	行動的、じっとしていられない、直感に優れている、 親分肌、人情家、人の面倒見良い、人脈、 当たり外れがハッキリ
3	変化を楽しむ、新しいものを探す能力、行動力 じっとしているのが嫌い、アイディアマン、 プランナー
2	独立心、指図されたり押さえ付けられるのが嫌、 アイディアマン、感性が豊か、気分屋 自分の時間を大切にする
1	目的志向、目標が必要、徹底、 目標達成のプロセスを楽しむ 感性が豊か、芸術的センス、潔癖精神世界、教育

《著名人の心相数情報》

【1グループ】

経済人	古川　享	日本マイクロソフト初代社長	112
	松本　清	マツモトキヨシ創業者	112
	宮本　彰	キングジム取締役会長	112
	石橋秀一	ブリヂストン　取締役　代表執行役　CEO	123
	小島勝平	コジマ創業者	123
	堀江貴文	実業家　著作家　投資家	134
	小林一三	阪急東宝グループ創業者	145
	中島　達	三井住友フィナンシャルグループ　取締役代表執行役社長　CEO	156
	スンダー・ピチャイ	グーグル CEO	178
	市村　清	リコー三愛グループ創業者	189
	佐治信忠	サントリー HD 代表取締役会長	191
	山内　溥	任天堂中興の祖	191

著名人	モーツァルト	112	中村獅童	156
	日村勇紀	112	橋本環奈	156
	ファーストサマーウイカ	112	西郷隆盛	167
	星野　源	123	木村拓哉	167
	新庄剛志	123	浜田雅功	178
	玉森裕太	123	浅田真央	178
	貴乃花光司	123	吉永小百合	178
	安倍晋三	134	太宰　治	178
	タモリ	134	佐藤栞里	178
	斎藤　工	134	松本人志	189
	宮根誠司	145	中居正広	189
	長嶋茂雄	145	マツコ・デラックス	191
	ショパン	145	小泉進次郎	191
	北島三郎	156	山田祐貴	191

【2グループ】

経済人	ビル・ゲイツ	マイクロソフト共同創業者	224
	松浦勝人	エイベックスグループ設立者	224
	ラリー・ペイジ	グーグル共同創業者	224
	セルゲイ・ブリン	グーグル共同創業者	224
	鳥羽博道	ドトールコーヒー創業者	235
	藤田　晋	サイバーエージェント創業者	235
	ジェフ・ベゾス	アマゾン創業者	246
	池森賢二	ファンケル創業者	279
	正垣春彦	サイゼリア創業者	279
	森永太一郎	森永製菓創業者	279
	安藤百福	日清食品創業者	281
	スティーブ・ジョブス	アップル共同創業者	281

著名人	阿部　寛	213	北島三郎	257
	郷ひろみ	213	花江夏樹	257
	吹石一恵	213	出川哲郎	268
	稲垣吾郎	224	吉田沙保里	268
	内村光良	224	堺　雅人	268
	ドナルド・トランプ	224	美空ひばり	279
	篠原涼子	235	大泉　洋	279
	エジソン	246	櫻井　翔	281
	冨永照子	246	明石家さんま	281
	米津玄師	246	相葉雅紀	292
	手塚治虫	257	向井　理	292
	堺　正章	257	所ジョージ	292
	具志堅用高	257	綾野　剛	292
	イチロー	257	内田理央	292

【3グループ】

経済人	川邊健太郎	LINE ヤフー代表取締役会長	325
	永谷泰次郎	永谷園 HD 代表取締役社長	325
	西　和彦	アスキー共同設立者	336
	小林りん	UWC　ISAK　Japan 創業者	336
	安藝　清	イーオン創業者	347
	井植歳男	三洋電機創業者	347
	三木谷浩史	楽天グループ創業者	358
	早川徳次	シャープ創業者	358
	寺田和正	サマンサタバサジャパン創業者	369
	元谷芙美子	アパホテル社長	369
	豊田章男	トヨタ自動車　代表取締役会長	382
	福島康博	エニックス創業者	382

著名人	レオナルド・ダヴィンチ	314	鈴木亮平	358
	北野　武	314	南原清隆	369
	桑田佳祐	314	千原ジュニア	369
	林　修	325	ヒロミ	369
	泉ピン子	325	西田敏行	369
	田中裕二	325	本木雅弘	369
	松本　潤	325	竹久夢二	371
	中村橋之助	336	草彅　剛	371
	森　七菜	336	吉川晃司	382
	鳩山由紀夫	347	ゆうちゃみ	382
	尾崎　豊	347	太田光	393
	二宮和也	358	松山英樹	393
	指原莉乃	358	松井秀喜	393
	吉田　羊	358	有吉弘行	393

【4グループ】

経済人	渋沢栄一	日本資本主義の父	415
	広岡浅子	明治時代の実業家	415
	孫　正義	ソフトバンクグループ創業者	415
	近藤麻理恵	片付けコンサルタント	415
	マーク・ザッカーバーグ	Facebook（Meta）創業者	415
	松下幸之助	パナソニック創業者	426
	鈴木　修	スズキ元会長兼社長	448
	豊田佐吉	トヨタグループ創始者	448
	高田　明	ジャパネットたかた創業者	459
	豊田喜一郎	トヨタ自動車創業者	483
	盛田昭夫	ソニー共同創業者	494
	笠原健治	ミクシィ創業者	494

名人	森山良子	415	成田　凌	461
	森山未來	415	神木隆之介	461
	徳川家康	426	有村架純	461
	えなりかずき	426	aiko	461
	野口英世	426	東国原英夫	472
	能年玲奈	426	今田耕司	472
	カズレーザー	426	吉岡里帆	472
	毛利　衛	437	織田信長	483
	江角マキコ	437	五木ひろし	483
	きゃりーぱみゅぱみゅ	437	福士蒼汰	483
	竹内涼真	437	藤井聡太	483
	江戸川乱歩	448	長嶋一茂	494
	赤川次郎	448	米倉涼子	494
	菅田将暉	459	内田有紀	494

【5グループ】

経済人	川田達男	セーレン代表取締役会長 CEO	516
	安田隆夫	ドン・キホーテ創業者	538
	本庄八郎	伊藤園共同創業者	538
	十河政則	ダイキン工業　代表取締役会長　CEO	538
	羽鳥兼市	ガリバーインターナショナル創業者	549
	芳井敬一	大和ハウス工業　代表取締役社長　CEO	551
	馬渕健一	マブチモーター創業者	562
	マーク・ランドルフ	ネットフリックス共同創業者	562
	石田重廣	夢グループ、ユーコー設立者	584
	柳井　正	ファーストリテイリング創業者	595
	辻本憲三	カプコン創業者	595
	坂本　孝	ブックオフ創業者	595

著名人	三浦知良	516	武田鉄矢	562
	原　辰徳	516	東野圭吾	562
	羽生結弦	516	アンデルセン	562
	ガッツ石松	527	宇治原史規	562
	瀬戸内寂聴	527	久本雅美	573
	山崎紘菜	527	王　貞治	573
	大谷翔平	538	天海祐希	573
	吉沢　亮	538	山崎賢人	573
	井ノ原快彦	549	伊藤博文	584
	中谷美紀	549	デヴィ夫人	584
	村上春樹	549	相武紗季	584
	矢沢永吉	551	松岡修造	584
	満島ひかり	551	森山直太朗	595
	宮崎あおい	551	綾瀬はるか	595

【6グループ】

経済人	田中良和	グリー創業者	628
	野間清治	講談社創業者	628
	吉田憲一郎	ソニーグループ　代表執行役会長　CEO	639
	鈴木俊宏	スズキ　代表取締役社長	641
	稲盛和夫	京セラ創業者	641
	鈴木敏文	コンビニの父	641
	見城　徹	幻冬舎設立者	652
	渡邊美樹	ワタミ　創業者	663
	江崎勝久	江崎グリコ代表取締役会長	685
	伊藤忠兵衛	伊藤忠商事創業者	663
	佐々木かをり	イー・ウーマン創業者	685
	森　朗	ウェザーマップ　代表取締役社長	696

著名人	ベートーベン	617	水瀬いのり	652
	柄本　佑	617	氷川きよし	663
	梅沢富美男	628	ダルビッシュ有	663
	萩本欽一	639	葉加瀬太郎	663
	上野樹里	639	宮崎　駿	663
	石原慎太郎	639	舘ひろし	674
	川口春奈	639	松たか子	674
	渡辺　謙	641	三倉茉奈・佳菜	674
	劇団ひとり	641	山口もえ	685
	志村けん	641	池上　彰	685
	和田アキ子	652	石原さとみ	696
	香取慎吾	652	山口百恵	696
	鈴木　福	652	あいみょん	696
	高嶋ちさ子	652	中村倫也	696

【7グループ】

経済人	本田宗一郎	本田技研工業創業者	718
	堀切功章	キッコーマン代表取締役会長	729
	増田宗昭	カルチェア・コンビニエンス・クラブ創業者	731
	鳥井信治郎	サントリー創業者	742
	飯田　亮	セコム創業者	753
	小宮　暁	東京海上ホールディングス　代表取締役社長　CEO	753
	岡田元也	イオン　取締役　代表執行役会長	753
	瀬戸　健	RIZAP グループ創業者	764
	澤田秀雄	エイチ・アイ・エス創業者	764
	大倉忠司	鳥貴族創業者	764
	中西勝也	三菱商事　代表取締役社長	775
	小倉昌男	宅急便の生みの親　ヤマト運輸元社長	775

著名人	井上真央	718	西村雅彦	764
	モト冬樹	718	有働由美子	775
	高木ブー	729	横浜流星	775
	オノ　ヨーコ	729	豊臣秀吉	786
	加藤浩次	731	福山雅治	786
	DAIGO	731	黒柳徹子	786
	浜崎あゆみ	731	笑福亭鶴瓶	786
	佐藤浩市	742	橋下 徹	786
	橋本　愛	742	アインシュタイン	786
	槇原敬之	753	小泉孝太郎	786
	MISIA	753	小泉純一郎	797
	稲村亜美	753	長澤まさみ	797
	渡辺直美	764	高梨沙羅	797
	北村一輝	764	小松菜奈	797

【8グループ】

経済人	岩崎弥太郎	三菱財閥創始者	819
	樫尾俊雄	カシオ計算機設立者	821
	福武哲彦	ベネッセ・コーポレーション創業者	821
	篠原欣子	テンプスタッフ創業者	821
	ジョード・カリム	YouTube 共同創業者	821
	石橋正二郎	ブリヂストン創業者	832
	山田　昇	ヤマダホールディングス創業者	843
	矢野博丈	大倉産業創業者	854
	南部靖之	パソナグループ創業者	865
	高田旭人	ジャパネットたかた代表取締役社長	865
	井上　治	住友電気工業　代表取締役社長	865
	小川啓之	コマツ　代表取締役社長　CEO	887

著名人	岡村隆史	819	石野真子	854
	城島　茂	819	山本舞香	854
	春日俊彰	821	ゴッホ	865
	福沢諭吉	821	湯川秀樹	865
	小芝風花	821	桜井日奈子	865
	堂本光一	821	樹木希林	876
	水谷　豊	832	中島みゆき	876
	上田晋也	832	北大路欣也	876
	石原裕次郎	843	三笘　薫	876
	アントニオ猪木	843	大坂なおみ	887
	加藤　茶	843	坂本龍馬	887
	小池百合子	843	羽生善治	898
	石橋貴明	854	松坂桃李	898
	堂本　剛	854	阿部サダヲ	898

【9グループ】

経済人	樫尾忠雄	カシオ計算機創業者	911
	時田隆仁	富士通　代表取締役社長　CEO	922
	御手洗冨士夫	キャノン代表取締役会長兼社長 CEO	955
	林　虎彦	レオン自動機創業者	955
	井深　大	ソニー共同創業者	966
	南場智子	DeNA 創業者	977
	イーロン・マスク	スペース X、テスラ等共同設立者	977
	似鳥昭雄	ニトリ創業者	988
	佐瀬守男	築地銀だこ創業者	988
	永守重信	ニデック創業者	999
	塩野義三郎	塩野義製薬創業者	999
	前田隆也	ヒューリック代表取締役社長	999

著名人	大村　智	911	池田美優	944
	小澤征爾	911	藤田ニコル	944
	上白石萌音	911	研ナオコ	955
	関根　勤	922	大江健三郎	955
	中川大志	922	岡田将生	955
	大谷亮平	922	錦織　圭	955
	高橋英樹	933	玉木　宏	966
	木梨憲武	933	佐藤　健	966
	松平 健	933	石原良純	977
	IKKO	933	HIKAKIN	977
	千葉雄大	933	広瀬すず	977
	松田聖子	944	小林幸子	988
	山中伸弥	944	ピカソ	988
	小池栄子	944	花澤香奈	999

― 2024年9月現在 ―

【999 の著名人】　※私（宮城）と同じ 999 の人を紹介しておきます。

文化人	寺門ジモン（タレント）	朝青龍（横綱）
	柳沢慎吾（タレント）	藤井フミヤ（歌手）
	筧　利夫（俳優）	西川史子（医師）
	中村吉右衛門（歌舞伎役者）	鈴木奈文（女優）
	寺脇康文（俳優）	加藤和也（プロダクション社長）
	国広富之（俳優）	原田大二郎（俳優）
	佐藤友美（女優）	松平定知（アナウンサー）
	渡辺友子（女優）	川原亜矢子（モデル・タレント）
	工藤夕貴（女優）	純名里沙（女優）
	羽鳥慎一（アナウンサー）	千秋（タレント）
	田中麗奈（女優）	眞鍋かをり（タレント）
	鈴木桂治（柔道）	酒井若菜（女優）
	保田　圭（タレント）	小久保裕紀（野球）
	高木美保（女優）	井岡一翔（ボクシング）
	風間トオル（俳優）	小野リサ（歌手）
	朝比奈マリア（女優）	軽部真一（アナウンサー）
	井上和香（タレント）	ディーン・フジオカ（俳優）
	カラヤン（音楽家）	森　英恵（デザイナー）
	エルヴィス・プレスリー（歌手）	サガン（文学者）
	八名信夫（俳優）	小島よしお（タレント）
	中川勝彦（歌手・タレント）	岩田剛典（ダンサー）

●ご縁（相性）の人を知る

人の出会いは恋人・夫婦・親子からはじまって、職場の人間関係、お客様との人間関係、友人知人などさまざまな関係があります。

出会いは運命でありご縁に導かれたもの

相性の問題は、良し悪しの問題ではありません。相性の問題は「ご縁」の問題です。「人はご縁のある人にしか出会えない」これを前提として考えるということです。

心相科学の研究を通じてわかったことは、人生の様々な出会いは偶然ではなく、宇宙の大いなる意図に導かれて出会っているということです。今まで当たり前と思っていたことが、そうではなく深いご縁に導かれて出会った関係であったと、知ることになります。

●様々な相性判定技法

人の出会いは、「天の計らい」と呼べるもので、大いなる宇宙の意思に導かれてご縁を結んでいます。既存の占いのように相性の良し悪しではありません。

ですから、出会ったご縁をひも解くためには、説明できるだけの判定法がなければなりません。

心相科学では二十五個の判定技法がありますが、ここでは、あなたがすぐ使えるように、五つの技法を紹介いたします。

【五つの判定技法】

一、特殊なご縁で結ばれた運命の人

①合計して999になる関係

②同じ数字

③並び換え数字

④受胎数・受胎数グループ

二、ポジション数字（親継ぎ関係）

三、基本数グループ

四、二分の一数グループ

五、八犬伝グループ

●特殊なご縁で結ばれた運命の人とは

数字の研究をしていますと、人の出会いというのは不思議なもので、自分の意思を超えて、何か大きな法則に導かれて出会っているという実感を抱かせます。

この導く力やしくみがわかりませんのでここでは「天の計らい」ということで理解しておきます。まさに出会いは天の計らいであり、出会った人はすべて運命の人ということになります。

その中でも特別の深いご縁で結ばれた関係を「特殊な運命の人」と呼びます。

【4つのパターン】

①合計して999になる関係
②同じ数字
③並び換え数字
④受胎数・受胎数グループ

《特別の運命の人一覧》

【1グループ】

	999になる人	同じ数字の人	並び換えの人	受胎数
112	887	112	112	933
123	876	123	213	944
134	865	134	314	955
145	854	145	415	966
156	843	156	516	977
167	832	167	617	988
178	821	178	718	999
189	819	189	819	911
191	898	191	911	922

【2グループ】

	999になる人	同じ数字の人	並び換えの人	受胎数
213	786	213	123	134
224	775	224	224	145
235	764	235	325	156
246	753	246	426	167
257	742	257	527	178
268	731	268	628	189
279	729	279	729	191
281	718	281	821	112
292	797	292	922	123

【3グループ】

	999になる人	同じ数字の人	並び換えの人	受胎数
314	685	314	134	235
325	674	325	235	246
336	663	336	336	257
347	652	347	437	268
358	641	358	538	279
369	639	369	639	281
371	628	371	731	292
382	617	382	832	213
393	696	393	933	224

【4グループ】

	999になる人	同じ数字の人	並び換えの人	受胎数
415	584	415	145	336
426	573	426	246	347
437	562	437	347	358
448	551	448	448	369
459	549	459	549	371
461	538	461	641	382
472	527	472	742	393
483	516	483	843	314
494	595	494	944	325

【5グループ】

	999になる人	同じ数字の人	並び換えの人	受胎数
516	483	516	156	437
527	472	527	257	448
538	461	538	358	459
549	459	549	459	461
551	448	551	551	472
562	437	562	652	483
573	426	573	753	494
584	415	584	854	415
595	494	595	955	426

【6グループ】

	999になる人	同じ数字の人	並び換えの人	受胎数
617	382	617	167	538
628	371	628	268	549
639	369	639	369	551
641	358	641	461	562
652	347	652	562	573
663	336	663	663	584
674	325	674	764	595
685	314	685	865	516
696	393	696	966	527

【7グループ】

	999になる人	同じ数字の人	並び換えの人	受胎数
718	281	718	178	639
729	279	729	279	641
731	268	731	371	652
742	257	742	472	663
753	246	753	573	674
764	235	764	674	685
775	224	775	775	696
786	213	786	876	617
797	292	797	977	628

【8グループ】

	999になる人	同じ数字の人	並び換えの人	受胎数
819	189	819	189	731
821	178	821	281	742
832	167	832	382	753
843	156	843	483	764
854	145	854	584	775
865	134	865	685	786
876	123	876	786	797
887	112	887	887	718
898	191	898	988	729

【9グループ】

	999になる人	同じ数字の人	並び換えの人	受胎数
911	988	911	191	832
922	977	922	292	843
933	966	933	393	854
944	955	944	494	865
955	944	955	595	876
966	933	966	696	887
977	922	977	797	898
988	911	988	898	819
999	999	999	999	821

●親子の家継承関係●

	1	2	3	4	5	6	7	8	9
1グループ	123 167	224 257 279 281 292	314 358 369	426 437	562 573	641 685 639	718 729 742 775 797	832 876	922 933 966 977
2グループ	134 156	235 246	371 382 393	415 448 459 472 494	527 549 551 584 595	617 628 696	753 764	843 865	944 955
3グループ	112 145 178 189 191	213 268	325 336 347	461 483	516 538	652 663 674	731 786	819 821 854 887 898	911 988 999

<解　説>

1グループ	・親が気になって親の面倒をみたくなる ・逆に、親と一緒にいて親に面倒をみられる場合もある ・長男、長女で生まれやすい
2グループ	・ピンチヒッター役 ・誰も親の面倒をみる人がいないと役が回ってくる ・第二子以降に多い
3グループ	・親のことを愛していないわけではないが、親元を離れていく傾向が強い。

●組織行動傾向●

	1	2	3	4	5	6	7	8	9
1グループ	123 167	224 257 279 281 292	314 358 369	426 437	562 573	641 685 639	718 729 742 775 797	832 876	922 933 966 977
2グループ	134 156	235 246	371 382 393	415 448 459 472 494	527 549 551 584 595	617 628 696	753 764	843 865	944 955
3グループ	112 145 178 189 191	213 268	325 336 347	461 483	516 538	652 663 674	731 786	819 821 854 887 898	911 988 999

＜解　説＞

1グループ	・組織を大きくすることが得意 ・拡大志向、発展志向が強い、会社を大きくしたがる ・組織の頂点に上りたがる
2グループ	・番頭役や調整役に適している ・二番手が向いている ・人との人間関係が財産の人
3グループ	・組織にこだわらない ・納得いく仕事、納得いく人生がテーマ ・人と同じようにみられるのが嫌い、開拓者精神旺盛

●日本の経営者のポジション一覧●

〈第１グループ〉

石橋秀一	ブリヂストン　取締役　代表執行役　CEO	123
小島勝平	コジマ創業者	123
松浦勝人	エイベックス　代表取締役会長　設立者	224
筑本　学	三菱ケミカルグループ　取締役代表執行役社長	257
正垣春彦	サイゼリア創業者	279
木藤俊一	出光興産　代表取締役社長執行役員　CEO	314
三木谷浩史	楽天グループ　創業者	358
寺田和正	サマンサタバサジャパン創業者	369
元谷芙実子	アパホテル取締役社長	369
泉澤清次	三菱重工業　取締役社長　CEO	437
岡藤正広	伊藤忠商事　代表取締役会長　CEO	562
有馬浩二	デンソー　代表取締役会長　取締役会議長	573
稲盛和夫	京セラ　創業者	641
鈴木敏文	コンビニの父	641
南雲二郎	八回醸造　代表取締役	641
鈴木俊宏	スズキ　代表取締役社長	641
江崎勝久	江崎グリコ　代表取締役社長	685
本田宗一郎	本田技研工業　創業者	718
鳥井信治郎	サントリー創業者	742
中西勝也	三菱商事　代表取締役社長	775
森田隆之	NEC　取締役　代表執行役社長　CEO	775
坂田　宏	サカタのタネ　代表取締役社長	876
時田隆仁	富士通　代表取締役社長　CEO	922
堀　健一	三井物産　代表取締役社長　CEO	933
森　望	関西電力　取締役　代表執行役社長	933
南場智子	DeNA　創業者	977

〈第2グループ〉

石原卓児	コメ兵ホールディングス　代表取締役社長執行役員	134
堀江貴文	実業家　著作家　投資家	134
鳥羽博道	ドトールコーヒー　創業者	235
藤田　晋	サイバーエージェント　創業者	235
豊田章男	トヨタ自動車　代表取締役会長	382
品田正弘	パナソニックホールディングス　代表取締役社長　執行役員　CEO	382
孫　正義	ソフトバンクグループ　創業者	415
吉田守孝	アイシン　取締役社長	415
島田　明	日本電信電話　代表取締役社長	448
高田　明	ジャパネットたかた　創業者	459
盛田昭夫	ソニー共同創業者	494
笠原健治	ミクシィ　創業者	494
内田　誠	日産自動車　代表執行役社長　CEO	494
柿木真澄	丸紅　代表取締役社長	494
羽鳥兼市	ガリバーインターナショナル　創業者	549
北野嘉久	JFE ホールディングス　代表取締役社長	549
芳井敬一	大和ハウス工業　代表取締役社長　CEO	551
柳井　正	ファーストリテイリング　創業者	595
田中良和	グリー　代表取締役会長兼社長　CEO　設立者	628
岡田元也	イオン　取締役　代表執行役会長	753
飯田　亮	セコム　設立者	753
澤田秀雄	HIS　創業者	764
瀬戸　健	RIZAP グループ　代表取締役社長　創業者	764
南部靖之	パソナグループ　創業者	865
御手洗富士夫	キャノン　代表取締役会長兼社長　CEO	955
大崎　篤	SUBARU　代表取締役社長　CEO	955

〈第3グループ〉

松本　清	マツモトキヨシ創業者	112
宮本　彰	キングジム　取締役会長	112
市村　清	リコー三愛グループ　創業者	189
山内　博	任天堂中興の祖	191
佐野信忠	サントリーホールディングス　代表取締役会長	191
橋本英二	日本製鉄　代表取締役会長　CEO	213
菊田徹也	第一生命ホールディングス　代表取締役社長　CEO	268
木原正裕	みずほフィナンシャルグループ　代表執行役社長　CEO	325
永谷泰次郎	永谷園ホールディングス　代表取締役社長	325
小林りん	UWC ISAK Japan 創業者	336
芝田浩二	ANA ホールディングス　代表取締役社長	461
出木場久征	リクルートホールディングス　代表取締役社長　CEO	483
安田隆夫	ドン・キホーテ　創業者	538
十河政則	ダイキン工業　代表取締役会長　CEO	538
福田信夫	三菱ケミカルグループ　代表取締役会長	538
見城　徹	幻冬舎　設立者	652
岩崎弥太郎	三菱財閥創始者	819
樫尾俊雄	カシオ計算機　設立者	821
福武哲彦	ベネッセコーポレーション　創業者	821
篠原欣子	テンプスタッフ　創業者	821
亀澤宏規	三菱 UFJ フィナンシャルグループ　取締役　代表執行役社長　CEO	821
三部敏宏	本田技研工業　代表取締役社長　CEO	887
小川啓之	コマツ　代表取締役社長　CEO	887
永守重信	ニデック　創業者	999
松本正義	住友電気工業　代表取締役会長	999
塩野義三郎	塩野義製薬　創業者	999

— 2024 年 9 月現在 —

●二分の一数グループ

八十一通り数を二分の一して、出てくる六つの数を『二分の一グループ数』と言います。

このグループの仲間は六名います。

この六名が男女の出会い、夫婦、親子、兄弟、仕事の関係など、私たちが出会う人間関係の中で、「特別の運命の人」の次に深いご縁の人と言えます。

この二分の一の関係は、

親子関係に顕著に現れます。

例えば、母親の二分の一のグループから、同じグループの子供が生まれやすい、というような場合です。

次に、兄弟姉妹関係でも現れる場合が多いです。

そして、友人知人や職場の人間関係、ビジネスのパートナーなど、深い縁を感じる人に意外とこの二分の一の関係になっている人が多いのです。

《二分の一数の算出法》

まず、数字は必ず単数にするというのを前提とします。二分の一しますと小数点のある数字が現れますが、小数点のある数も複数と見なして単数になるまで足し続けてください。

〈例〉

1↓0・5↓0＋5＝5

2↓1

3↓1・5↓1＋5＝6

4↓2

5↓2・5↓2＋5＝7

6↓3

7↓3・5↓3＋5＝8

8↓4

9↓4・5↓4＋5＝9

《二分の一グループ一覧》

A	B	C	D
112	911	191	189
551	955	595	549
775	977	797	729
887	988	898	819
448	944	494	459
224	922	292	279
E	**F**	**G**	**H**
178	314	134	123
584	652	562	516
742	371	731	753
821	685	865	876
415	347	437	483
257	628	268	246
I	**J**	**K**	**L**
145	617	167	156
527	358	538	573
718	674	764	786
854	382	832	843
472	641	461	426
281	325	235	213
M	**N**	**O**	**P**
336	933	393	369
663	966	696	639

●基本数グループ

さまざまな判定法で基本になる判定技法が「基本数」です。

本来は一般には公開しませんが、今回は特別に私の国際心相科学協会の資格を有するプロの先生方の鑑定のポイントを紹介しておきます。

実は、プロの先生方が重視している数字はこの基本数です。

家系図をみる際はこの基本数が同じかどうかで親子の流れをみているのです。

また男女関係の出会いもこの基本数を重視します。表面の八十一通りの数字には共通な関係を見つけられなくても、裏数字である基本数をみることによって二人の関係が解ってきます。

《基本数の使い方》

・親子関係の流れをみることに適しています。

・男女・夫婦の出会いのご縁の意味を知ることに適しています。

・組織のチームの組み方に役立ちます。

基本数は４パターンに分類されます。

393　336　933　369

696　663　966　639

《基本数検索一覧》

心相数 1	基本数	心相数 2	基本数	心相数 3	基本数
112	663	213	369	314	966
123	639	224	336	325	933
134	696	235	393	336	336
145	663	246	369	347	966
156	639	257	336	358	933
167	696	268	393	369	369
178	663	279	369	371	966
189	639	281	336	382	933
191	696	292	393	393	393

心相数 4	基本数	心相数 5	基本数	心相数 6	基本数
415	663	516	369	617	966
426	639	527	336	628	933
437	696	538	393	639	639
448	663	549	369	641	966
459	639	551	336	652	933
461	696	562	393	663	663
472	663	573	369	674	966
483	639	584	336	685	933
494	696	595	393	696	696

心相数 7	基本数	心相数 8	基本数	心相数 9	基本数
718	663	819	369	911	966
729	639	821	336	922	933
731	696	832	393	933	933
742	663	843	369	944	966
753	639	854	336	955	933
764	696	865	393	966	966
775	663	876	369	977	966
786	639	887	336	988	933
797	696	898	393	999	999

●八犬伝グループ

八十一通りの情報で「八犬伝グループの人」を紹介しています。

八犬伝グループの人とは、私たちの一生の中で支えあう関係になっている人を言います。データを取ってみますと、この八犬伝グループの方が知らず間に一生を通じて集まりやすくなっています。

私たちが知らずに影響し合い、支えあったりしている人が意外にもこのグループに属している場合が多いのです。

このグループにあることを知って、このグループの人を大切にしていく。

これがこれからの処世術です。

【特　長】

①一般的な出会いの関係を診る判定技法です。
　夫婦関係や家族関係は基本数や二分の一数グループで判定します。
②性格傾向を診ていきます。

この八犬伝グループでは、影響関係の強さや態様に応じて内八犬伝、外八犬伝、中八犬伝の三パターンに分類しています。

○内八犬伝は文字通り強く支え合う人、支援関係、一生を通じて深く支え合う関係となっています。

○外八犬伝は自らにない性格の要素をもった人、特に両端の数字は自分が持っていない性格の人です。

ですから、この外八犬伝グループを診ることによって、その人の得意とする面とそうでない面がわかってきます。

○中八犬伝は内に近い人は内八犬伝と同じ役割、外に近い人は外八犬伝の役割をもった人です。

【出現の仕方】

①親しい人がこのグループに属している場合が多い。
特に内八犬伝の人は運命の支援関係になっています。
あなたを一生を通じて支えている人と言えます。

②この中には反面教師で、
自分にいろいろなことを教えてくれる人も含まれています。

あとがき

数字のすごさ、色のすばらしさというテーマで伝えてまいりました。

この二つのテーマの重要さを皆様に少しでも伝えられたのなら嬉しく思います。数字のテーマは概念的ですので実感としてなかなかその重要さを感じにくいものですが、幸福色については、日々の生活の中でそのすばらしさを痛感していただけるのではないでしょうか。

「自分の幸福色を知って身に付けるようになり、いろいろ良いことが起こるようになりました」という感謝の言葉を多くいただきます。

「毎日が自分色を身に付けないと落ち着かなくなりました」という言葉もいただきます。「身に付け接触するものの方が良いですよ」とアドバイスをしますと、「翌日から下着を自分の幸福色にし毎日着けています」という方もおられます。

幸福色一つで何となく毎日が楽しくなる、こんな素晴らしいアイテムがいままで注目されてこなかったことが不思議なくらいです。

皆様に数字と幸福色を伝えることは、皆様に限りない大きな執着を与えるものです。かつては「はたして私は人のためになることをしているのだろうか」と私自身そのことで悩んだこともあります。

人生は良いことにはこだわり、悪いことにはこだわりを取りのぞくというのが生きる知恵です。どうぞ、自分の幸福色にとことんこだわってみてください。幸福色へのこだわりの強さが皆様の幸福の実現に比例するものです。

最後になりましたが、今回、八十一色の本を出したい、という私からの提案に心から賛同いただき短い時間で出版いただきました創樹社美術出版の伊藤泰士社長に紙面をお借りして感謝の意を述べさせていただきます。また、ハンドブックの資料作成にご協力いただいた長谷川映子、中島雅美、中村芳子、志田篤美、岡浦直幸、清水勝子さんには心から御礼申し上げます。

改定版発行に際して

本書は発売から十二年（初版・平成二十四年）になります。今日まで六回の版を重ねることができました。今やビジネスや生活のバイブルとして多くの方々に愛用いただき、人生最強のビジネスや生きるための武器として役立てていただいております。今回の改定は毎年変化する運気情報の改定と、社会で活動している著名人・有名人の方々の情報を追加するとともに、初めて「運気の具体的な活かし方」を紹介しています。運気は良し悪しではありません。下りも登りも規則正しく九年サイクルで流れています。運気は自分の置かれている運気位置の活かし方を知って活用することが重要です。

それぞれの運気位置の活かし方を知らないで生活しますと、文字通り「運気下降期＝悪い」「運気上昇期＝良い」、ということになり、その通りの現象が発生します。運気図は視覚的に良し悪しになりやすいですが、実際の運気は三つの流れで繰り返しています。

運気の流れは、「変化期」・「加速期」・「収穫期」の三つから成り立っています。

どうぞ、それぞれの時期の特徴を押さえて、ビジネスや生活に役立ててください。毎日がたのしくなりますよ。

改定版　数字と色が人生を変える

令和 7 年 1 月 8 日　初刷発行
著　者　宮城　悟
編　集　イトーノリヒサ
発行者　伊藤　泰士
発行所　株式会社創樹社美術出版
　　　　〒 113-0034 文京区湯島 2 丁目 5 番 6 号
ＴＥＬ　03-3816-3331
ＦＡＸ　03-5684-8127
http://www.soujusha.co.jp
印刷所　株式会社ティーケー出版印刷

ISBN978-4-7876-0121-6　乱丁・落丁本はお取り替えいたします。定価はカバーに表示してあります。